AKAL / A FONDO

Director de la colección
Pascual Serrano

Diseño interior y cubierta: RAG

© Francesc Ràfols Sagués y Dardo Gómez Ruiz-Díaz, 2025

© Ediciones Akal, S. A., 2025
Sector Foresta, 1
28760 Tres Cantos
Madrid - España
Tel.: 918 061 996
atencion.cliente@akal.com
www.akal.com

ISBN: 978-84-460-5756-7
Depósito legal: M-18135-2025

Impreso en España

Francesc Ràfols Sagués
Dardo Gómez Ruiz-Díaz

GUERRA JUDICIAL A LA VERDAD

A LA VERDAD

Las SLAPP

akal

ARGENTINA / ESPAÑA / MÉXICO

PRESENTACIÓN

Los sistemas democráticos se caracterizan por la existencia de un poder judicial que tiene como objetivo, desde su independencia, actuar contra las personas o instituciones que violan las leyes, siempre sobre la base de un sistema legislativo aprobado y elegido democráticamente. El problema es cuando determinados actores o grupos de poder logran iniciar procedimientos judiciales que, de forma abusiva, se destinan a presionar, coaccionar y así limitar o evitar la participación de los ciudadanos en temas de interés público. Se trata de grupos poderosos que logran que instituciones y poderes que nacieron con el sentido de formar parte de un sistema democrático, acaben siendo perversamente utilizados para todo lo contrario: servir a los intereses de algunos en detrimento de los ciudadanos.

Al caso que nos ocupa se le ha convenido en llamar las Strategic Lawsuits Against Public Participation (SLAPP), o sea, Demandas Estratégicas contra la Participación Pública. Mediante ellas, sobre todo actores empresariales sin escrúpulos intentan frenar a quienes investigan y denuncian sus malas prácticas de producción y comercialización. El mecanismo suele ser el de presentar, haciendo un uso abusivo del sistema legal, una denuncia penal o una demanda civil que intenta así intimidar y silenciar a los críticos.

No necesitan siquiera lograr sentencias a su favor, les puede bastar sólo con la amenaza de indemnizaciones o penas que amedrenten a quienes denuncian, ya que para estos últimos podrían significar que todos sus recursos humanos y económicos se acabaran agotando en procedimientos de defensa largos y costosos. Al mismo tiempo, esos procesos legales sirven como ejemplo disuasorio para que otros no intenten iniciar denuncias públicas o investigaciones contra esas corporaciones.

Los lectores pueden pensar que quizá este mecanismo no sea tan habitual como para poner en peligro nuestras democracias o nuestro periodismo de denuncia. Este libro tiene como objeto no sólo explicar el funcionamiento de las SLAPP, sino hacer un repaso a suficientes casos como para llegar a comprender la envergadura del problema y la necesidad de que nuestros Gobiernos y sistemas legislativos y judiciales tomen medidas para enfrentarlo.

Para apreciar la importancia del problema basta con echar un vistazo a las cifras: 570 casos de SLAPP únicamente en Europa en un periodo de diez años y, solamente en los 82 casos disponibles que se han estudiado, las demandas contra periodistas y activistas que han denunciado abusos y atropellos suman más de 1.500 millones de dólares. Y cada año van aumentando.

Una vez más, la colección A Fondo de Akal quiere situarse en el lado de David luchando contra Goliat. En este caso, con este libro, *Guerra judicial a la verdad. Las SLAPP*, en el que repasamos las luchas de muchos Davides y los métodos abusivos de sus correspondientes Goliats.

Los autores de esta obra son Francesc Ràfols Sagués y Dardo Gómez Ruiz-Díaz. Ambos son veteranos periodistas con una larga trayectoria, no sólo informando, sino también defendiendo los derechos del periodismo en asociaciones del sector, en el Sindicato de Periodistas de Cataluña y en las distintas federaciones europeas e internacionales de periodismo. Ràfols y Gómez investigan a través de estas páginas numerosos casos emprendidos contra personas y organizaciones; identifican a las víctimas y también a los poderosos que intentan intimidarlas; detallan el uso perverso del sistema judicial y los métodos de defensa contra esos abusos. El objetivo es que este repaso de experiencias sirva para que el gran público se sensibilice sobre este tema, identifique a los agresores judiciales y descubra las luchas de los periodistas y activistas. De esta manera, daremos la vuelta a las SLAPP para mostrar que los verdaderos delincuentes sociales son los que denuncian a quienes señalan la verdad y los delitos. Quizá el ejemplo más paradigmático sea el de Julian Assange, el hombre que más ayudó a descubrir crímenes y que acabó injustamente perseguido como un criminal.

Guerra judicial a la verdad nos ofrece más ejemplos de todos los ámbitos: fútbol, medio ambiente, defensa... En España destaca el caso de Abogados Cristianos y Manos Limpias contra la revista *Mongolia*, o el de Iberdrola contra *El Confidencial*, o las inmobiliarias contra el activismo a favor del derecho a la vivienda. Fuera de España encontramos casos en Brasil, Argentina, Francia, Malasia o Estados Unidos.

Aunque habitualmente los acosadores judiciales son corporaciones empresariales, otras veces son políticos o partidos, como en el caso de Javier Milei o Vox. En ocasiones el asunto implica a varios países, como el de la asociación de solidaridad vasca que administra el medio *Cubainformación*, que sufrió la SLAPP desde Miami. Afortunadamente están surgiendo organizaciones que se enfrentan a las SLAPP. Una de ellas es la Fundación Internacional Baltasar Garzón. Desde allí aclaran que estas Demandas Estratégicas contra la Participación Pública

> no se presentan para reivindicar derechos legales, sino para hostigar e intimidar, y para desviar la atención y los recursos del problema subyacente del consumidor. Este tipo de demandas convierten el sistema de justicia en un arma y tienen un serio efecto paralizante en la libertad de expresión, que es tan vital para el interés público [...]. Incluso una demanda sin mérito puede prolongarse durante meses, a veces incluso años, y las tácticas como el descubrimiento agresivo pueden acumular gastos.

Como dice alguno de los entrevistados en la obra, la consecuencia es que la víctima termina atrapada en una telaraña de procedimientos judiciales sin fundamento, pero prolongados y costosos, con la intención de agotar sus recursos para que finalmente detenga sus actividades y sirva de ejemplo disuasorio a otros periodistas o activistas.

Afortunadamente también, la mitad de los Estados han promulgado leyes para protegerse de las SLAPP, pero de formas muy diversas en cuanto a fuerza o competencia. De hecho, existe una Directiva europea anti-SLAPP, a la que nuestros autores prestan especial atención en el libro.

Este trabajo de Francesc Ràfols Sagués y Dardo Gómez Ruiz-Díaz sirve para muchas cosas, no sólo para que el lector conozca lo que son las SLAPP y algunos casos de acosadores y víctimas; también sirve para que periodistas, activistas y organizaciones sociales puedan saber que no están solos, que existe una sociedad civil vigilante que lucha junto a ellos para que los poderosos no se salgan con la suya, por mucho poder o dinero que tengan o conspiración legal que utilicen.

Pascual Serrano

CAPÍTULO I

SLAPP: EL ASEDIO A LA INFORMACIÓN DE LA CIUDADANÍA

Cuando los/as defensores/as de derechos humanos sienten temor de informar acerca de las transgresiones y los déficits que observan, esto afecta a la sociedad en su conjunto. Las Demandas Estratégicas contra la Participación Pública (SLAPP) tienen exactamente ese efecto: pueden imponer en ocasiones multas significativas y sanciones penales, con la consecuente intimidación de los/as defensores/as de derechos humanos y detener su tarea de dar luz sobre temas críticos. Es nuestra responsabilidad compartida prevenir que las SLAPP minen el derecho de todos y todas a saber.

Michelle Bachelet, alta comisionada
para los Derechos Humanos de la ONU

Se conocen como las SLAPP (Strategic Lawsuits Against Public Participation) o las DECPP (Demandas Estratégicas contra la Participación Pública) las acciones judiciales abusivas que se incoan con el objetivo de evitar la participación activa de la ciudadanía en aquellos temas de interés público.

Aunque algunos poderes de los Estados y distintos partidos políticos de todos los continentes las han utilizado, se han convertido en la práctica preferente de actores empresariales sin escrúpulos para frenar a quienes se preocupan por sus malas prácticas de producción y comercialización cuando estas atentan contra los derechos de los ciudadanos. Las SLAPP pueden tomar la forma de denuncia penal o de demanda civil para intimidar y silenciar a los críticos mediante este uso abusivo del sistema legal.

El volumen de las indemnizaciones o penas que se suelen solicitar tiene capacidad suficiente como para amedrentar a quienes denuncian o investigan su mala praxis, y al mismo tiempo, drenar los recursos de comunidades u organizaciones de defensores ambientales y periodistas preocupados por la vigencia de los derechos humanos. El impacto de las SLAPP tiene también como efecto secundario el de paralizar y disuadir de esa lucha a otros miembros de la comunidad para que se inhiban de denunciar abusos de ese tipo.

PRIMER INFORME SOBRE ESTAS ACCIONES JUDICIALES

En junio de 2021 el Centro de Información sobre Empresas y Derechos Humanos[1], con sedes en Inglaterra, Gales, Estados Unidos y Alemania, difundió su primer informe sobre estas acciones judiciales entabladas por actores empresariales en todo el mundo. Ese informe acumula 355 casos incoados desde 2015 en distintos países del mundo, pero señalaba que con probabilidad esa cifra fuera sólo «la punta del iceberg si reconocemos los desafíos de identificar los casos de SLAPP y de vincularlos con las empresas involucradas».

Según señala el mismo informe, estos casos han sido impulsados por empresas de diversos sectores, pero de manera principal por aquellas dedicadas a la explotación minera, la agroindustria y la producción maderera, ocupando un espacio importante aquellas dedicadas a la industria del aceite de palma.

La información sobre la cantidad de dinero pretendida por daños en estas demandas sólo alcanza a vislumbrar los datos públicos disponibles de 82 casos, pero estos ya suman más de 1.500 millones de dólares. Los casos de SLAPP comprobados en ese estudio se hacen viables gracias a acuerdos de los demandantes con gabinetes de juristas o abogados especializados en este tipo de denuncias que acuerdan representar a esas empresas que quieren proteger sus malas actuaciones. «Identificamos a un total de 19 firmas de abogados y abogadas involucrados en estos casos que tienen el sello de las SLAPP», señalan en el informe mencionado.

---

[1] [https://www.business-humanrights.org/es/de-nosotros/informes/acciones-judiciales-abusivas-uso-empresarial-de-slapps-para-silenciar-a-las-voces-cr%C3%ADticas/].

Una persecución global a la libertad de información

Las SLAPP se usan en todas las regiones del mundo, aunque según el informe mencionado el mayor número de denuncias de este tipo se han dado en América Latina (39%) y Asia (25%), pero, como decimos, ninguna región del mundo está exenta. Casi dos tercios (63%) de los casos abordados en esta investigación incluyeron cargos penales, principalmente por difamación y otros relacionados con delitos contra el honor.

Las empresas también presentaron cargos específicos en las respectivas jurisdicciones, tales como crímenes cibernéticos, boicot, extorsión y conspiración. Nuestra investigación también identifica a algunos perpetradores reincidentes, en muchos casos categorizados como SLAPP en este informe: Thammakaset (Tailandia), Inversiones Los Pinares (Honduras), MMG Las Bambas (Perú) y Lydian Armenia (Armenia).

Hasta ahora pocos Gobiernos han tomado medidas para detener estas prácticas abusivas por medio de la aprobación de leyes anti-SLAPP, sólo las han adoptado Estados Unidos, Canadá, Australia, Filipinas, Indonesia y Tailandia. Tales normas son una herramienta vital para proteger a los defensores de los efectos de las SLAPP y deberían ser aprobadas por todos los Gobiernos como parte de su deber de proteger los derechos humanos.

Por otro lado, los legítimos y razonables intereses comerciales de las empresas y sus deseos por incrementar los negocios no las eximen de responsabilidades sociales ni les otorgan derechos especiales para vulnerar los de los demás.

Los Principios Rectores sobre Empresas y Derechos Humanos (UNGP, por sus siglas en inglés) fijan que las empresas (incluyendo las empresas o gabinetes jurídicos) y también sus inversionistas tienen la responsabilidad de evitar que se infrinjan los derechos humanos y de identificar, prevenir y mitigar los riesgos para los defensores de dichos derechos.

El gran censor ya no es sólo la administración

Cada uno de los actores empresariales o administrativos tiene una responsabilidad crítica a la hora de detener el uso de las SLAPP destinadas a silenciar e intimidar a la ciudadanía. Además, el incremento de la diligencia debida en la legislación de los países donde operan las empresas perpetradoras y las firmas de abogados hará que tanto las empresas abusivas como sus inversionistas se encuentren con crecientes e importantes frenos legales. Desde 2015, el Centro de Información sobre Empresas y Derechos Humanos (Centro de Recursos) identificó más de 3.100 ataques en el mundo contra líderes y lideresas comunitarias, labriegas, trabajadoras, sindicalistas, grupos de la sociedad civil y otros defensores que habían manifestado preocupaciones por casos de prácticas empresariales irresponsables.

Más del 40% de estos ataques se hicieron en la forma de acoso judicial, que incluyó el uso de una variedad de tácticas legales, tales como las denuncias penales y demandas civiles, la detención arbitraria con complicidad de las fuerzas de seguridad y la justicia, citaciones a comparecer y cargos fabricados por parte de los Gobiernos y los actores empresariales.

Muchos defensores sufren juicios injustos y se los detiene en condiciones inhumanas y degradantes. Estas acciones judiciales abusivas son una táctica utilizada por los actores empresariales dentro del contexto amplio del acoso judicial.

Las SLAPP se disfrazan de demandas ordinarias, pero en esencia constituyen un abuso del sistema legal. Tienen efectos adversos significativos en aquellos que trabajan en el interés público, incluyendo el intento de debilitar su activismo y agotar sus recursos, además de que pueden tener consecuencias personales y colectivas al mermar el trabajo de las organizaciones de derechos humanos. A menudo van tras los defensores que han expresado una crítica contra un actor empresarial o por haber publicado un reporte, participado en un evento o una entrevista, lanzado una campaña, organizado una manifestación o realizado una queja en las redes sociales.

LAS SLAPP Y LAS LIBERTADES DE EXPRESIÓN Y DE INFORMACIÓN DE LA CIUDADANÍA

Las SLAPP pueden tener un «efecto paralizante» en el ejercicio de la libertad de expresión, ya que otros podrían sentir temor de denunciar estas prácticas si existe la posibilidad de ser demandados o denunciados. Además, estas demandas ejercen presión sobre los recursos públicos y hacen que los sistemas judiciales desperdicien tiempo en procesos legales superfluos. Adicionalmente, cuando los sistemas judiciales no toman medidas para contener la práctica de las SLAPP, quienes las utilizan pueden producir narrativas dañinas que inducen a creer que estos litigios son un uso legítimo del sistema legal.

Las empresas tienen en su mira a una amplia variedad de voces que disienten y se empeñan en utilizar los recursos más diversos para suprimir sus críticas. Sus demandas apuntan a actos de participación pública relacionados, aunque no exclusivamente, con derechos humanos, justicia social y la protección del medio ambiente, incluyendo temas de interés público o campañas para la protección de la tierra y los territorios ante proyectos a gran escala, tales como la minería o la explotación maderera, o incluso a periodistas que cubren la información de los efectos nocivos de ciertas actividades empresariales.

Las SLAPP pueden tomar diversas formas en varias jurisdicciones y contextos legales. La investigación del Centro de Información engloba litigios entablados o iniciados desde 2015 por actores privados contra defensores o grupos por ejercer su derecho a participar, comentar o criticar temas de preocupación pública. «En nuestra investigación, cubrimos los casos [de SLAPP] entablados contra personas y organizaciones; además de cómo identificarlas y cómo defenderse de ellas apelando a las experiencias de quienes las han sufrido o aún las sufren», señalan.

El 14 de octubre de 2024 se desarrolló en Bruselas un encuentro de los diferentes consejos de información europeos. Bajo el título «Self-regulation and Regulation in the Media Sector», sesionaron organismos reguladores, representantes de medios, periodistas y profesores universitarios que presentaron los resultados de sus investigaciones. Entre estas últimas, el profesor Simone Benazzo, especializado en periodismo y medios, presentó el estudio «SLAPP, una nueva manera de ligar los medios y un nuevo papel para los organismos reguladores en Europa», realizado junto con un grupo de investigadores de la Universidad Libre de Bruselas. El estudio comprueba que las SLAPP son una fórmula cada vez más utilizada por el poder para evitar que se publique aquello que no le interesa y atemorizar a los periodistas. Los cinco países donde se han detectado más acciones de este tipo son Polonia (128), Malta (88), Francia (76), Croacia (54) y Eslovenia (42).

Para conocer mejor el alcance de este acoso a la libertad de expresión e investigación, los investigadores distribuyeron una encuesta entre los distintos consejos de información europeos. Los resultados de ella demuestran que, aunque la mayoría de los consejos conocen el problema de las SLAPP, sólo en Inglaterra es una figura reconocida. Según las respuestas de la misma, en Europa el 34,2% de los demandados son periodistas; el 23%, medios de comunicación; el 9,8%, activistas ciudadanos, y el 9,5%, editores. Se da la singularidad de que en Croacia y Serbia los propios consejos de información y sus miembros han sido víctimas de SLAPP por el contenido de sus resoluciones.

CAPÍTULO II

EL INFIERNO DE LAS SLAPP ESTÁ ENTRE NOSOTROS

Los periodistas representan uno de los colectivos de extrema vulnerabilidad para estas demandas, por lo cual las organizaciones de informadores son de las más activas a la hora de tratar de adquirir capacidades o herramientas para prevenir sus efectos. Ellas han reclamado de las instituciones internacionales que contribuyan a esa preparación mediante formación específica de los juristas contra esta innovación de la censura.

Hay dos casos que queremos mostrar como emblemáticos de hasta qué extremos pueden llegar los poderosos del planeta para perseguir a quienes trabajan por el derecho a la información de la ciudadanía. Estos dos casos alcanzaron gran penetración en los medios internacionales y una notoriedad justificada. Hablamos de las persecuciones a la maltesa Daphne Caruana Galizia y al australiano Julian Assange; la primera con final trágico.

EL MARTIRIO DE DAPHNE CARUANA GALIZIA

El 16 de octubre de 2017, la periodista maltesa Daphne Caruana Galizia fue asesinada mientras regresaba a su casa mediante una bomba lapa que se había colocado en el chasis de su coche. La periodista había sido clave en parte de la investigación de los llamados papeles de Panamá, en aquellos referidos a los casos de corrupción en los que se hallaba implicado el Gobierno de Malta liderado por Joseph Muscat, elegido primer ministro como candidato del Partido Laborista maltés en las elecciones generales de marzo de 2013 y que repitió ese éxito electoral en junio de 2017.

Ese mismo año, Daphne Caruana público en su blog que Michelle Muscat, esposa del primer ministro, era la última beneficiaria de una empresa secreta en Panamá. A partir de ahí creció la presión sobre la periodista, y a las amenazas anónimas se sumaron decenas de demandas SLAPP.

A pesar de todos esos acosos, ella continuó con sus investigaciones y publicando información sobre las vinculaciones que tenían las autoridades de la administración maltesa con los papeles de Panamá. Por último, llegó a acusar directamente al jefe de Gabinete del primer ministro, Keith Schembri. Una de sus últimas frases fue: «Hay criminales allá donde mires. La situación es desesperada».

Su asesinato conmocionó a la ciudadanía maltesa, que se cuestionó la buena salud y honestidad de sus instituciones; la justicia se vio obligada a actuar llegando a ordenar la detención del magnate Yorgen Fenech por su supuesta implicación en el asesinato. Este empresario del sector energético maltés había sido señalado por Caruana por su relación con el primer ministro Joseph Muscat y el ministro de Energía Konrad Mizzi en el entramado de los papeles de Panamá. En diciembre de 2017, tres hombres fueron arrestados por su presunta implicación material en el atentado, el cual habrían ejecutado a cambio de 150.000 euros. Sin embargo, hasta el presente no se ha identificado a quienes lo ordenaron. En junio de 2019, el Consejo de Europa manifestó su inquietud por la incapacidad del Gobierno maltés para hacerlo, y en septiembre de ese mismo año Muscat autorizó la puesta en marcha de una investigación.

En abril de 2018, un consorcio compuesto por 45 periodistas internacionales lanzó el Proyecto Daphne, una colaboración para completar su trabajo de investigación.

Daphne Caruana Galizia se había iniciado en prensa en 1988 y pronto se convirtió en una de las periodistas más controvertidas de Malta desde su columna en el dominical de *The Times of Malta*, de *The Sunday Times*, aunque en 1996 abandonó este medio por haberle negado publicar su artículo sobre el presidente emérito Guido de Marco y su hija, la abogada Giannella de Marco, que acabó difundiéndose a través de *The Malta Independent*. La dureza de sus artículos sobre cuestiones políticas y sociales de la isla la llevaron, en febrero de 2010, a enfrentarse a cargos de difamación por una serie de acusaciones contra la magistrada Consuelo Scerri Herrera.

La militancia feminista de Daphne, que instaba a las maltesas a no victimizarse, generó una fuerte polémica en la pacata sociedad isleña. Todos entendieron que fueron sus artículos los que impulsaron a una trabajadora a demandar y ganar el primer caso presentado en Malta por abuso verbal y acoso sexual laboral. Daphne dijo entonces que sus compatriotas debían reaccionar ante los abusos y no comportarse de manera «infantil».

En 2017 fue incluida en el ránking de «las 28 personalidades que hacen moverse a Europa», según el periódico *Politico Europe*, por su colaboración en la mencionada investigación que involucraba a miembros del Gobierno maltés en los casos de corrupción destapados por los papeles de Panamá.

Ricardo Gutiérrez, secretario general de la Federación Europea de Periodistas (FEP), señaló lo siguiente respecto de Daphne Caruana:

> Debemos reconocer la valentía de la periodista asesinada Daphne Caruana Galizia, que decidió seguir informando a pesar de las presiones para que se autocensurara, y más aún después de descubrir pruebas de que el primer ministro socialista de Malta, Joseph Muscat, estaba coordinando una campaña de demandas contra ella, de la mano de los intereses empresariales sobre los que había informado.

LA LARGA PERSECUCIÓN Y TORTURA A JULIAN ASSANGE

En 1991 el joven Julian Assange fue detenido en su casa de Melbourne por la policía federal australiana, acusado de acceder ilegalmente a varios ordenadores pertenecientes a una universidad del país, a una compañía de telecomunicaciones y a otras organizaciones. Fue su primer acto relevante como defensor de la libre circulación de la información y anunciaba lo que hoy conocemos como el «derecho a la verdad».

Ocho años después, Assange registró el dominio wikileaks. org, que mantuvo latente hasta que en 2007 anunció el lanzamiento oficial del sitio como un lugar seguro para los denunciantes que quisieran ofrecer documentos secretos para su difusión pública. «Es un sistema incensurable que permite la filtración masiva e imposible de rastrear de documentos y su análisis público», decía.

WikiLeaks saltó a las cubiertas de los más prestigiosos medios del mundo cuando en 2010 publicó cientos de miles de documentos secretos de Estados Unidos que evidenciaron el abuso que ese país cometió en las guerras de Irak y Afganistán[1]. Algunos de los documentos visuales allí presentados aún hoy conmueven a quienes los han visionado más de una vez por la crueldad de los comportamientos del ejército estadounidense.

Ninguna administración de Estados Unidos ha quitado veracidad a esos documentos. Sin embargo, allí se inició una persecución plagada de crueldad contra Assange. Aunque decenas de medios de todo el mundo publicaron esa información facilitada por WikiLeaks, ninguno de ellos fue molestado ni indagado; aunque también es cierto que todos ellos, que se beneficiaron monetariamente y en difusión con esa primicia, nunca defendieron a Assange de la persecución internacional de la que fue objeto, y algunos de ellos se sumaron a la campaña de difamación en su contra.

El martirio de Julian Assange comenzó el 21 de agosto de 2010, cuando, por indicaciones de la policía sueca, la fiscal Maria Häljebo ordenó el arresto de Assange por la presunta violación de Anna Ardin, persona vinculada a la oposición cubana. La fiscal retiró la acusación a las pocas horas, declarando que no había motivos para sospechar que él estuviera implicado. Sin embargo, en septiembre de ese año la fiscal superior sueca, Marianne Ny, consideró que había razones para creer que ese delito se había cometido y ordenó reabrir la investigación preliminar contra Assange.

---

[1] [https://wardiaries.wikileaks.org/search/].

El periodista entendió que esa patraña era una artimaña para ser extraditado a Estados Unidos, y se refugió en Londres, aunque nunca se negó a declarar por esas acusaciones ante la justicia sueca.

La odisea de Assange en Inglaterra

Son innumerables las defensas que se han hecho de Assange –quizá tantas como las condenas al injusto martirio al que ha sido sometido–, pero nos parece oportuno mencionar la alerta presentada por la Federación Europea de Periodistas (FEP) a la Plataforma del Consejo de Europa para la Protección del Periodismo y la Seguridad de los Periodistas y otros Actores de los Medios; así lo creemos porque entre otras maldades se negó al fundador de WikiLeaks su condición de periodista como pretexto para justificar la presunta acción de espionaje.

Por este mismo motivo adquiere un valor especial la defensa que hace de él la mayor organización de periodistas del mundo, fundada en 1926 y que representa hoy a 600.000 profesionales de medios de comunicación organizados en 187 sindicatos, federaciones y asociaciones de más de 140 países. La Federación Internacional de Periodistas (FIP) es considerada la portavoz de los periodistas en el sistema de Naciones Unidas y en el movimiento sindical internacional, y reconoce el ejercicio profesional del periodismo por parte de Assange.

Condena de la Federación Europea de Periodistas

«Creemos que la detención arbitraria y el procesamiento penal de Julian Assange sientan un precedente extremadamente peligroso para los periodistas, los actores de los medios y la libertad de prensa». Así se expresaba en la presentación de esa alarma Ricardo Gutiérrez, secretario general de la Federación Europea de Periodistas (FEP) y miembro regional de la Federación Internacional de Periodistas (FIP).

La FEP expresa en esa alarma que lo hace «con el fin de denunciar la continua detención arbitraria y la tortura psicológica a Julian Assange». Y continúa:

> Muchos juristas, políticos, periodistas y académicos consideran que la detención de Julian Assange constituye un ataque a la libertad de prensa y al derecho internacional: su detención por la policía en Reino Unido, después de que el Gobierno ecuatoriano decidiera dejar de concederle asilo en su embajada en Londres, y su procesamiento en Estados Unidos por publicar documentos filtrados de interés público sentaron un precedente peligroso para periodistas, denunciantes y otros actores de los medios de comunicación que Estados Unidos tal vez desee perseguir en el futuro.

Julian Assange fue arrestado por la policía británica el 11 de abril de 2019. Ese mismo día, fue declarado culpable de violar la Ley de Fianzas de Reino Unido. El 1 de mayo de 2019 fue condenado a 50 semanas de prisión en Reino Unido. El mismo día, el Gobierno de Estados Unidos hizo pública una acusación contra Assange por supuesta intrusión informática, relacionada con una serie de filtraciones proporcionadas por la analista de inteligencia del ejército estadounidense Chelsea Manning. El 23 de mayo de 2019, el Gobierno de Estados Unidos acusó además a Assange de violar la Ley de Espionaje de 1917.

Como reacción ante esas últimas acusaciones de violación de la Ley de Espionaje de Estados Unidos, la entonces secretaria general del Sindicato Nacional de Periodistas (NUJ), Michelle Stanistreet, dijo: «Tal medida plantea una enorme amenaza que podría criminalizar el trabajo crítico de los periodistas de investigación y su capacidad para proteger sus fuentes. Es el último acto inaceptable de una Administración decidida a tratar a los periodistas como enemigos del pueblo».

La FEP comparte, junto con la FIP, las preocupaciones expresadas por la campaña «Speak Up for Assange», lanzada el 6 de diciembre de 2019: «Este caso está en el corazón del principio de libertad de expresión. Si el Gobierno de Estados Unidos puede procesar a Assange por publicar documentos clasificados, puede despejar el camino para que los Gobiernos procesen a periodistas en cualquier lugar, un precedente alarmante para la libertad de prensa en todo el mundo».

Además, el uso de cargos de espionaje contra personas que publican materiales proporcionados por denunciantes es una novedad y debería alarmar a todos los periodistas y editores. En una democracia, los periodistas pueden revelar crímenes de guerra y casos de tortura y abuso sin tener que ir a la cárcel. Es el papel mismo de la prensa en una democracia. Si los Gobiernos pueden utilizar leyes de espionaje contra periodistas y editores, estos se ven privados de su defensa más importante y tradicional: actuar en interés público, que no se aplica en virtud de la Ley de Espionaje.

Después de examinar a Assange en prisión el 9 de mayo de 2019, el relator especial de Naciones Unidas sobre la Tortura y Otros Tratos o Penas Crueles, Inhumanos o Degradantes, Nils Melzer, concluyó que «además de las dolencias físicas, el señor Assange mostró todos los síntomas típicos de una exposición prolongada a la tortura psicológica, incluyendo estrés extremo, ansiedad crónica y trauma psicológico intenso».

En una carta enviada el 29 de octubre de 2019 al Gobierno de Reino Unido, Melzer escribió:

> Descubrí que Reino Unido había contribuido decisivamente a producir los síntomas médicos observados, sobre todo a través de su participación, a lo largo de casi una década, en su arbitrario encarcelamiento, su persecución judicial, así como en su sostenido y desenfrenado acoso público, intimidación y difamación. […] Los funcionarios británicos han contribuido a la tortura psicológica o los malos tratos del señor Assange, ya sea mediante la perpetración o mediante intento, complicidad u otras formas de participación. […] Las violaciones graves y recurrentes de los derechos al debido proceso del señor Assange por parte de las autoridades de Reino Unido han hecho que tanto su condena penal como su sentencia por violación de la libertad bajo fianza y los procedimientos de extradición en Es-

tados Unidos sean inherentemente arbitrarios. [...] El estado de salud del señor Assange se ha deteriorado aún más y recientemente ha entrado en una espiral descendente que bien podría poner su vida en peligro. [...] El régimen de detención actualmente impuesto al señor Assange parece innecesario, desproporcionado y discriminatorio y perpetúa su exposición a tortura psicológica u otros tratos o penas crueles, inhumanos o degradantes.

En noviembre de 2019, Melzer recomendó que se prohibiera la extradición de Assange a Estados Unidos y que fuera liberado de inmediato.

La FEP llama a periodistas y personas en roles relacionados con el periodismo a firmar la declaración periodística internacional en defensa de Julian Assange.

Tanto la FEP como la FIP se han constituido en dos de las principales organizaciones beligerantes con las SLAPP y contemplan el caso Assange como uno emblemático de estas prácticas. Pongamos especial atención en que la parte actuante de la justicia estadounidense no pone en duda la veracidad de los hechos descubiertos por el acusado, sino que acusa a la investigación periodística de acto de espionaje y la difusión de ese crimen de guerra como un acto contra la seguridad de Estados Unidos y sus fuerzas militares y de seguridad.

Por fin en libertad

El fundador de WikiLeaks ha permanecido encarcelado desde el 11 de abril de 2019 hasta el 24 de junio de 2024 en la prisión británica de alta seguridad de Belmarsh (Reino Unido). Allí ha esperado, incomunicado y en un entorno terrible, la decisión final sobre su extradición a Estados Unidos dictada por la justicia británica el 17 de junio de 2022. De haber sido extraditado, la justicia estadounidense lo hubiera procesado por 18 delitos relacionados con conspiración para la intrusión informática y revelación de documentos clasificados, lo que hubiera podido acarrearle una condena 175 años de cárcel por el simple acto de ejercer el periodismo de investigación en favor de la ciudadanía.

Por fin, en la última fecha señalada, los abogados de Julian Assange llegaron a un acuerdo por el cual la justicia estadounidense retiraba 17 de los 18 cargos a los que se enfrentaba. Por su parte, Assange aceptó declararse culpable de un delito de espionaje –que nunca cometió– ante un tribunal de las Islas Marianas del Norte, un territorio/colonia estadounidense en el Pacífico, y asumir una pena de 62 meses de cárcel. Ese mismo día la cadena CBS, socia estadounidense de la BBC, informó que Assange no entraría en prisión para cumplir esa pena ya que se le reconocería el tiempo que había estado encarcelado en Reino Unido; como así fue.

Pocos días antes de su liberación, el 18 de junio, el Comité Ejecutivo de la FIP organizó una protesta frente a la prisión de Belmarsh, donde Assange estaba detenido; sería posiblemente la última manifestación por la libertad del fundador de WikiLeaks.

La presidenta de la FIP, Dominique Pradalié, al conocer su puesta en libertad declaró: «Julian Assange ha sido liberado. Esta es una victoria para el derecho a informar y a ser informado. Es una victoria para los periodistas de todo el mundo».

Por su parte, el secretario general de la misma organización, Anthony Bellanger, añadió: «El intento de procesamiento de Julian Assange proyecta una oscura sombra sobre los periodistas, en particular sobre los que cubren asuntos de seguridad nacional. Si Assange hubiera ido a la cárcel para el resto de su vida, cualquier reportero al que se le entregara un documento clasificado temería enfrentarse a un destino similar».

El 2 de octubre de 2024 la Asamblea Parlamentaria del Consejo de Europa (PACE) expuso que el trato recibido por Assange justificaba su designación como «preso político» según una definición acordada en 2012, citando los graves cargos presentados contra él que lo expusieron a una posible cadena perpetua, combinada con su condena por infringir la Ley de Espionaje de Estados Unidos, «por lo que era –en esencia– recopilación y publicación de noticias».

La Asamblea, que reúne a parlamentarios de los 46 países del Consejo de Europa, también pidió a Estados Unidos que investigara los presuntos crímenes de guerra y violaciones de los derechos humanos revelados por WikiLeaks. El hecho de que Estados Unidos no lo hiciera, junto con el duro trato que recibieron Assange y Chelsea Manning (antes Bradley Edward Manning[2]), crea la percepción de que el propósito del Gobierno estadounidense al procesar a Assange era «ocultar las malas acciones de los agentes del Estado en lugar de proteger la seguridad nacional».

Asimismo, pidió a Estados Unidos, Estado observador del Consejo de Europa, que «reforme urgentemente» la Ley de Espionaje de 1917 para excluir su aplicación a editores, periodistas y denunciantes que divulguen información clasificada con la intención de crear conciencia pública sobre delitos graves.

Por otro lado, señaló a las autoridades británicas como culpables de no haber protegido eficazmente la libertad de expresión y el derecho a la libertad de Assange, «exponiéndolo a una detención prolongada en una prisión de alta seguridad a pesar de la naturaleza política de los cargos más severos contra él». Su detención excedió con creces la duración razonable aceptable para la extradición, dijeron.

En coincidencia con esta resolución europea, Julian Assange ofreció su primera rueda de prensa tras su puesta en libertad. El periodista australiano señaló en su comparecencia que su libertad no se ha debido a que «haya funcionado el sistema», sino porque «me he declarado culpable de haber hecho periodismo».

Sí, es un caso de SLAPP

Queda en el aire como debate para eruditos si el caso contra Julian Assange puede llegar a considerarse una acción SLAPP a gran escala. Los autores de este libro hemos considerado que sí, porque en él se cumplen gran parte de las características comunes

---

2 [https://www.bbc.com/mundo/noticias-internacional-51865314].

en las SLAPP, como la desproporción entre denunciado y denunciante y la persecución de aquel a quien se quiere limitar o, como en este caso, castigar por hacer valer su derecho a informar. Consultado a este respecto, Ricardo Gutiérrez, secretario general de la FEP, señaló:

No sé si la petición de extradición de Assange se puede asimilar a una SLAPP, un procedimiento judicial abusivo, pero podemos ver el mismo deseo por parte de aquellos en el poder político de silenciar una voz incómoda, incluso si esa voz está simplemente transmitiendo la verdad. Los múltiples cargos legales contra Assange estaban todos relacionados con revelaciones periodísticas de crímenes de guerra estadounidenses. Se trata de hechos probados, que no se discuten, y de los que ha informado la prensa mundial. Los amos estadounidenses sólo quieren castigar al mensajero.

También había un claro deseo de intimidar a toda la profesión, en todo el mundo. Ningún periodista del mundo, independientemente de su nacionalidad o ubicación, estará ya a salvo de la persecución de Estados Unidos. Si este procedimiento hubiera prosperado, sentaría un terrible precedente, destinado efectivamente a imponer un manto de plomo, intimidando y silenciando a los periodistas.

CAPÍTULO III

¿QUIÉNES Y CÓMO SE ORGANIZAN PARA COMBATIR LAS SLAPP?

En octubre de 2023, la UNESCO informaba que el Sindicato Nacional de Periodistas de Filipinas (NUJP, por sus siglas en inglés) había concluido con éxito dos de sus capacitaciones destinadas a preparar a los periodistas para operar en este complejo panorama legal.

El organismo internacional de los informadores señalaba: «En los últimos años ha habido un aumento preocupante en el uso indebido del sistema judicial dirigido a atacar a periodistas, a menudo a través de demandas estratégicas contra la participación pública y casos de difamación penal y civil. Sorprendentemente, el 80% de los países del mundo todavía penalizan la difamación, incluidos 38 países de la región de Asia y el Pacífico».

En este contexto, el NUJP concluyó con éxito dos capacitaciones a las que asistieron 35 periodistas filipinos de forma presencial o virtual. La capacitación tenía como objetivo dotar a los periodistas de herramientas para que, tanto dentro del país como de conformidad con los estándares internacionales sobre libertad de expresión y seguridad de los periodistas, evitaran facilitar ese tipo de demandas.

«Es uno de los muchos pasos hacia el fortalecimiento de la seguridad y el bienestar de los periodistas en Filipinas. El NUJP está en primera línea y conoce mejor los desafíos que afrontan los periodistas en Filipinas, desde el acoso en línea y la violencia física hasta, cada vez más, el uso (indebido) de medidas legales que socavan la libertad de expresión. Esto último, lamentablemente, se está convirtiendo en tendencia en todo el mundo», expresaba Ana Lomtadze, especialista de esta formación programada por la oficina de la UNESCO en Yakarta[1].

---

[1] [https://www.unesco.org/en/articles/philippines-journalists-union-equips-35-journalists-tackle-legal-challenges?hub=707].

La formación que dan organizaciones como la que hemos visto es imprescindible para prevenir estas demandas o actuar de manera que se facilite el trabajo de los abogados especializados en SLAPP. El inconveniente es que tanto el temor que pueden provocar estas amenazas como las prevenciones que se puedan tomar para evitarlas acaben derivando en la mutilación de parte del trabajo que se esté realizando, e incluso pueden llevar al abandono de la tarea de investigación si se advierte que todo o alguna parte de ella nos hace vulnerables a estos abusos judiciales.

Por ello es de gran importancia la formación de juristas expertos en atender estas demandas, ya que suelen ser novedosas en su formulación y se concentran en actividades no muy frecuentes. Todos los expertos coinciden en que estas pueden tomar diversas formas y actuar en varias jurisdicciones y contextos legales.

LA FORMACIÓN NECESARIA DE LOS JURISTAS DEFENSORES

El mismo Centro de Información antes mencionado viene recopilando desde 2015 litigios entablados o iniciados contra defensores, ONG o colectivos por investigar o dar a conocer actividades de empresas que quieren impedir a la ciudadanía el ejercicio de su derecho a participar, comentar o criticar temas de preocupación pública. Estos litigios incluyen demandas civiles, así como penales.

Tengamos en cuenta que se trata de un tipo de querellas novedosas y que, en todos los casos, nos enfrentaremos a abogados que se han entrenado para llevarlas adelante.

Las SLAPP son posibles, en parte, porque hay empresas de abogados especializadas en este tipo de demandas y están de acuerdo en representar a las empresas demandantes, estudian sus necesidades y las alientan a la demanda de quienes no admiten sus malas artes. El Centro de Información pudo identificar 19 firmas de abogados que actuaban de manera especializada y ha declarado: «No pudimos identificar a los abogados o a las firmas de abogados en los casos restantes, dado que esta información no estaba disponible de forma pública».

Algunas firmas de abogados estuvieron involucradas en entablar más de una demanda SLAPP. Por ejemplo, la firma Kasowitz Benson Torres L. L. P. ha estado involucrada en tres procesos en Estados Unidos que han sido caracterizados como SLAPP en esta investigación. Este incluye dos casos entablados por Energy Transfer contra las personas y grupos que expresaron su oposición al proyecto de oleoducto Dakota Access, incluyendo uno contra Greenpeace USA, BankTrack y el movimiento Earth First! y otro contra la defensora de los derechos indígenas Krystal Two Bulls. Invitamos a Kasowitz Benson Torres L. L. P. a responder; ellos declinaron la invitación.

En un tercer caso, la misma firma representó a Resolute Forest Products Inc. en una demanda contra Greenpeace Internacional, Greenpeace EUA, el Fondo Greenpeace Inc., STAND (antes llamada ForestEthics) y a cinco personas miembros de estas organizaciones, argumentando que los defensores habían distorsionado los hechos con el fin de obtener la entrega de donaciones para financiar sus actividades y de usar falsos anuncios para difamar a Resolute ante sus clientes. La empresa reclamaba al menos 300.000.000 de dólares estadounidenses por daños.

El 16 de octubre de 2017, el Tribunal del Distrito del Norte de California desestimó los reclamos de la empresa, aunque le permitía modificar los cargos si optaba por continuar la demanda. Además, debía atender los costes de los abogados de la defensa, en virtud del acuerdo del Estatuto anti-SLAPP en ese estado.

COALITION AGAINST SLAPP IN EUROPE (CASE)

En el momento de su asesinato, la periodista maltesa Daphne Caruana Galizia acumulaba 47 denuncias SLAPP, y había expuesto al mundo el problema para los informadores que generaban este tipo de demandas.

El asesinato de la periodista maltesa sirvió de acicate a las organizaciones no gubernamentales que venían observando estas demandas con preocupación y que decidieron crear la Coalición contra las SLAPP en Europa (Coalition Against SLAPP in Europe –CASE–), una coalición en la cual, ahora, se integran decenas de ONG. Esta coalición se ha comprometido a continuar la lucha de Daphne Caruana con tres objetivos:

- Exponer las SLAPP y a quienes las utilizan.
- Desarrollar resiliencia ante las SLAPP.
- Abogar por una reforma legal para prevenir las SLAPP.

En su web[2] la organización tiene alojada una sección titulada «La galería de la vergüenza», en la que expone como presentación: «Es hora de recuperar la vergüenza. Es hora de quitar la fachada de respetabilidad legal y exponer las tácticas agresivas de intimidación que se esconden debajo. Es hora de mostrar las caras de algunos de los peores matones legales de Europa».

Lo que sigue forma parte de la primera de sus políticas enunciadas; en esta galería figuran empresas y personajes como estos:

- Yevgeny Prigozhin y Roman Abramovich: ambos oligarcas y políticos rusos que presentaron en marzo de 2021 una demanda civil por difamación través del despacho Harbottle & Lewis L. L. P. contra Catherine Belton, periodista y autora del libro *Putin's People (La gente de Putin)*, y contra HarperCollins, su editorial. La demanda se basaba en que había declaraciones en el libro que serían falsas o inexactas. Si bien el abogado de Abramovich negó que ambas demandas estuvieran coordinadas, eran parte de las cinco presentadas en la misma semana por oligarcas rusos –tres de los cuales fueron representados por el mismo abogado–, así como por la compañía petrolera estatal Rosneft. Si el juicio por difamación hubiera llegado ante el Tribunal Superior, la factura legal hubiera superado los diez millones de libras esterlinas.

---

[2] [https://www.the-case.eu/].

- Stanko Subotić: empresario serbio que presentó en enero de 2021 en Ginebra una demanda civil a gran escala por difamación contra la organización Organised Crime and Corruption Reporting Project (OCCRP), su cofundador Drew Sullivan y Dragana Pećo, periodista del medio serbio *KRIK*, exigiendo 155.000 francos suizos en concepto de daños y perjuicios, dos años después de la publicación de un artículo. Subotić tiene antecedentes de SLAPP: un caso anterior en Reino Unido contra Ratko Knezevic fue desestimado por abuso procesal en 2013.

- Svante Kumlin: cabeza del grupo de empresas de su propiedad, Eco Energy World (EEW), con domicilio en Mónaco. Kumlin presentó una demanda civil alegando difamación e incumplimiento de un acuerdo de confidencialidad contra el sitio web de noticias sueco *Realtid,* que había estado investigando su grupo de empresas y publicado un informe. Los periodistas contactaron a Kumlin en numerosas ocasiones antes y después de esa publicación; la respuesta fue que su asesor legal «les responderá directamente», seguida de varios correos electrónicos y cartas adjuntas de bufetes de abogados de Reino Unido y Mónaco. La demanda por difamación ascendió a 15,3 millones de euros.

- Reino de Marruecos: en 2021 el Estado marroquí presentó una orden judicial y una demanda por difamación en tribunales franceses, alemanes y españoles contra varias ONG, periódicos, emisoras de radio, periodistas y reporteros independientes a raíz de que estos medios e informadores publicaran un trabajo de investigación informando de que la administración marroquí había utilizado el *software Pegasus* para espiar los teléfonos móviles de políticos, periodistas y activistas.

- Süleyman Soylu: el Gobierno de Turquía se ha hecho famoso en los últimos tiempos por amenazar a periodistas con el objeto de intimidarlos y silenciar sus informaciones. La CASE entiende que su ministro del Interior, Süleyman Soylu, ha hecho méritos para ser uno de los peores responsables de esas actuaciones. La demanda de 100.000 euros por difamación contra el periódico turco *Cumhuriyet* en 2021 fue la guinda del pastel.

- María Lou Mcdonald: esta política irlandesa, presidenta del Sinn Féin no es nueva en la escena de las SLAPP; sin embargo, en abril de 2022 consolidó esa reputación cuando presentó su tercera demanda por difamación ante el Tribunal Superior. Esta vez la víctima fue la emisora pública irlandesa Raidió Teilifís Éireann (RTÉ), a la que demandó por un importe de unos 160.000 euros de indemnización.
- Valle de Odieta S. C. L.: esta empresa posee la que puede ser la mayor explotación ganadera industrial de España. Se ubica en el norte del país y aborda un gigantesco proyecto de granja industrial que planea construir en la pequeña ciudad de Noviercas. La empresa ha presentado una demanda por difamación en marzo de 2022 contra Greenpeace España y su responsable, más otras 13 ONG, después de que los grupos entregaran un informe al Parlamento de Navarra sobre los riesgos para el medio ambiente que conllevaban las prácticas de la empresa.
- Taylor Wessing L. L. P.: se trata de una firma inglesa de abogados ubicada en Londres. Ha alcanzado notoriedad por su especialización en la elaboración de las SLAPP y actos de intimidación legal contra periodistas y editoriales. En 2021 representaron a varios oligarcas rusos y kazajos en costosas acciones legales contra, por ejemplo, *The Financial Times* y el periodista Tom Burgis. Más recientemente lanzaron amenazas legales a las redacciones de los periódicos de toda Gran Bretaña en nombre de Mark Fullbrook, entonces jefe de Gabinete de la primera ministra de Reino Unido, Liz Truss. Esta política ha sido la herramienta de campaña de Truss para ganar las primarias del Partido Conservador y le sirvió también para asesorar antes a jefes de Gobierno británicos como los ex primeros ministros Boris Johnson y John Major. En 2020 Fullbrook fue investigado por el FBI como parte de las pesquisas sobre una presunta «conspiración para subvertir la democracia» en la isla

caribeña de Puerto Rico, Estado Libre Asociado a Estados Unidos. Las pesquisas se centraban en un presunto intento de soborno a la gobernadora de Puerto Rico, Wanda Vázquez, por parte del banquero internacional venezolano Julio Herrera Velutini, mediante una donación de 300.000 dólares para su campaña de 2020 si despedía al responsable de regulación financiera de la isla, según ha señalado *The Times*. Ese dinero se gestionaría a través de la firma australiana de asesorías múltiples CT Group y de Mark Fullbrook, que por entonces era jefe de proyectos globales de la firma y tuvo el control de esa operación, según el diario británico.

• Walter Damen: es un abogado belga que ha presentado múltiples demandas contra la web de noticias *Apache*. El abogado ha actuado contra ella en nombre de su cliente, Erik van der Paal, un desarrollador de proyectos que fue propietario de Land Invest Group y del cual se desprendió tras el escándalo por sus relaciones sospechosas de corrupción con varios políticos, entre ellos el alcalde de Amberes. La presencia de varios de estos amigos en su cumpleaños fue registrada y difundida por periodistas de dicho medio digital. A raíz de esto, *Apache* fue objeto de varios procesos por difamación civil y abuso de reputación llevados por Damen, así como por acoso e invasión de la privacidad según el derecho penal. Todas las acciones civiles contra *Apache* fueron desestimadas y en una demanda penal sus periodistas fueron absueltos, y en junio de 2022 el Tribunal de Apelación de Amberes concluyó que la acción legal contra *Apache* había sido una clara SLAPP iniciada «con la intención de agotar [financieramente] a los acusados para que guardaran silencio». Además, le condenó a pagar al denunciado 10.000 euros en concepto de daños y perjuicios, aunque Damen presentó un recurso de casación que fue rechazado en octubre del mismo año. La persecución de Van der Paal ha utilizado diversos medios y canales para hacer desaparecer esas imágenes, utilizando incluso detectives privados que acosaron a los periodistas, lo que ha llevado a la Asociación Flamenca de Periodistas a denunciar esas acciones como una «violación inaceptable de la confidencialidad de las fuentes periodísticas, de la intimidad y de la libertad de expresión y de información en su conjunto».

CATALOGAR Y ANALIZAR CASOS DE SLAPP EN TODA EUROPA

Desde 2019, la CASE ha estado trabajando con el Amsterdam Law Clinics, de la Facultad de Derecho de la Universidad de Ámsterdam (UvA), para catalogar y analizar casos de SLAPP en toda Europa. Gracias a los aportes de organizaciones que integran la coalición, la CASE ha logrado recopilar 570 casos incoados en un periodo de diez años.

Según señala, esto le ha permitido identificar una serie de tendencias claras en esas demandas:

> En particular, hemos descubierto que el número de casos de SLAPP en toda Europa ha aumentado año tras año, en 2020: 146, en 2022: 161.
>
> Nuestro informe es el intento más completo hasta el momento de identificar la escala y la naturaleza de las SLAPP en Europa. Se basa en el trabajo de varios grupos de defensa que, desde el asesinato de Daphne Caruana Galizia en 2017, han investigado el problema de las SLAPP en Europa. Descubrieron que estaba surgiendo un patrón sorprendente en todo el continente: los organismos de control públicos (periodistas, periódicos, activistas, organizaciones de campaña, denunciantes y otros) eran cada vez más objeto de demandas en respuesta a sus esfuerzos por hacer que los poderosos rindieran cuentas.

Su página web reúne todos estos esfuerzos de investigación en un solo lugar. Además, desde 2022, la CASE elabora un informe anual sobre el estado de las SLAPP en Europa[3].

---

[3] *Informe CASE 2023* [https://www.the-case.eu/wp-content/uploads/2023/08/20230703-CASE-UPDATE-REPORT-2023-1.pdf].

La Fundación Internacional Baltasar Garzón (FIBGAR)

La Recomendación de la Comisión Europea 2022/758 hace hincapié en la necesidad de capacitar a los profesionales de la justicia debido a que son fundamentales en estas Demandas Estratégicas contra la Participación Pública. En especial, insta a los Estados miembros a brindar apoyo y oportunidades de formación al personal que trabaja en órganos jurisdiccionales de todas las instancias, incluidos jueces y fiscales, así como a cualquier otro profesional asociado al poder judicial, además de abogados cualificados.

La Fundación Internacional Baltasar Garzón (FIBGAR) señala que:

> Las Demandas Estratégicas contra la Participación Pública, o SLAPP, no se presentan para reivindicar derechos legales, sino para hostigar e intimidar, y para desviar la atención y los recursos del problema subyacente del consumidor. Este tipo de demandas convierten el sistema de justicia en un arma y tienen un serio efecto paralizante en la libertad de expresión, que es tan vital para el interés público. Las demandas también costaron a las organizaciones de medios miles de dólares. Incluso una demanda sin mérito puede prolongarse durante meses, a veces incluso años, y las tácticas como el descubrimiento agresivo pueden acumular los costos.

La mejor protección contra las SLAPP es un método para desestimar rápidamente las demandas que surgen de la libertad de expresión, y la capacidad de recuperar los honorarios, costos y daños incurridos en la demanda sin base judicial. Sólo alrededor de la mitad de los Estados han promulgado leyes para protegerse contra las SLAPP, pero estas varían en su fuerza y amplitud. Además, no existe protección nacional anti-SLAPP. Esta es la razón por la cual se necesita una legislación europea anti-SLAPP ahora; protegería contra las SLAPP en todos los Estados y a un nivel federal. La protección existente, que veremos más adelante en detalle, aún no está articulada en muchos países, como es el caso de España.

Ante esta situación, la misma FIBGAR, junto con 11 organizaciones de la Unión Europea, está desarrollando un proyecto pedagógico para ofrecer a los profesionales de la defensa jurídica herramientas eficaces para proteger a sus clientes ante este tipo de litigios abusivos. El proyecto se denomina PATFox (Pioneering anti-SLAPP Training for Freedom of Expression), está cofinanciado por la UE y pretende cohesionar los esfuerzos de la primera línea de defensa de los acosados por las SLAPP en sus Estados miembros[4].

PATFox: FORMACIÓN PARA LAS DEFENSAS

El PATFox entiende, según expresan sus directivos, que estos abusos legales han sido reconocidos como uno de los desafíos clave para la libertad de expresión en toda Europa, y para afrontarlo propone un borrador de Directiva anti-SLAPP que ahora se está abriendo camino a través del proceso legislativo europeo.

La legislación es sólo una parte de la historia. El paquete de la Comisión Europea para hacer frente a las demandas abusivas contra periodistas y defensores de los derechos humanos reconoce que la formación de los profesionales del derecho es «crucial». El proyecto PATFox ha sido diseñado para abordar exactamente esta necesidad, y está reuniendo a algunos de los principales expertos de Europa, abogados en ejercicio, académicos legales y víctimas de SLAPP para hacer un balance del estado actual de formación para hacer frente a dichas demandas abusivas en la UE.

A su lanzamiento, realizado en el Parlamento Europeo y organizado por el presidente de la comisión LIBE, el eurodiputado Juan Fernando López Aguilar, acudieron la formadora de PATFox, Vanja Jurić, y el profesor Justin Borg-Barthet del Anti-

---

[4] [https://www.antislapp.eu/].

SLAPP Research Hub de la Universidad de Aberdeen, ambos miembros del Grupo de Expertos de la Comisión Europea sobre SLAPP, así como Bettina Behrend de Rettet den Regenwald, que ha sido objetivo de un SLAPP.

Esa presentación incluyó una serie de mesas redondas que reunieron a formadores en la materia en los 11 países del proyecto: Bulgaria, Croacia, Chipre, Alemania, Hungría, Malta, Polonia, Rumanía, Eslovaquia, Eslovenia y España. Algunos de estos países sufren los problemas más agudos de la UE respecto a las SLAPP.

Naomi Colvin, de la organización Blueprint for Free Speech, que codirige el proyecto, ha señalado:

> La representación legal eficaz es una parte indispensable de la lucha contra las demandas judiciales abusivas, que han sido diseñadas para intimidar a periodistas, defensores de los derechos humanos y otros organismos de control público en toda la Unión Europea y más allá. Nuestra experiencia organizando talleres en 11 países de la UE muestra que hay una importante demanda sin explotar para la capacitación que ofrecemos.

Por su parte, Alessia Schiavon (FIBGAR), que es la coordinadora del proyecto, apuntó: «Hay muchas diferencias importantes en la forma en que los Estados miembros de la UE en particular están experimentando la amenaza de las SLAPP, pero construir resiliencia de primera línea en el terreno es absolutamente clave para todos».

El plan de estudios anti-SLAPP de PATFox combina materiales sobre leyes europeas en materia de derechos humanos y los principios legales internacionales desarrollados por el profesor Justin Borg-Barthet, complementados con la cobertura de ejemplos locales, reglas de procedimiento y jurisprudencia. Los vídeos y materiales escritos hasta este momento están disponibles en el sitio web del proyecto[5].

---

[5] [antislapp.eu/resources/].

El estudio que reproducimos más adelante ha sido publicado originariamente por Blueprint for Free Speech, una organización benéfica sin fines de lucro que trabaja internacionalmente y tiene como emblema la defensa del artículo 19 de la Declaración Universal de Derechos Humanos, que afirma el derecho de las personas a las libertades de opinión y expresión. Dicho estudio incluye un capítulo de la Open Knowledge Foundation titulado «Intentan paralizarnos», el cual arroja luz sobre una tendencia preocupante: los actores extremistas de derecha alemanes están empleando cada vez más medios legales para apuntar a individuos e instituciones que se oponen o hablan claro contra sus ideologías. Este trabajo profundiza en el alcance y las consecuencias de estas intervenciones legales en el activismo, el periodismo, la cultura, la ciencia y la política local. Las entrevistas, una encuesta en línea y el análisis de las decisiones judiciales desde 2015 formaron la base de esta investigación reveladora.

El proyecto FragDenStaat (AskTheate) presentó el estudio con motivo del lanzamiento de su nuevo programa de asistencia legal, *Gegenrechtsschutz,* el 20 de junio. Diseñado para proteger la libertad de expresión, prensa, arte y ciencia, este programa brinda apoyo a las personas involucradas en disputas legales con actores de extrema derecha. Al contrarrestar los ataques legales estratégicos que abusan de la ley, el *Gegenrechtsschutz* tiene como objetivo garantizar que la información crucial permanezca accesible para todos. Las actividades previstas del programa han sido moldeadas por las recomendaciones del estudio sobre el uso de las SLAPP por parte de la extrema derecha.

Los hallazgos del estudio revelan inequívocamente un aumento significativo en las intervenciones legales, lo que demuestra una estrategia deliberada de la extrema derecha para impedir informes, declaraciones y acciones críticas. De manera alarmante, sólo un tercio de los encuestados afirmó no haber sido afectado nunca directa o indirectamente. El estudio descubrió vínculos entre actores de extrema derecha y ciertos bufetes de abogados, lo que sugiere un uso coordinado y preventivo de los medios legales. Las personas vulnerables parecen ser un objetivo intencional, lo que podría llevarlas a retirarse de sus actividades o cambiar su enfoque.

Las consecuencias de estas intervenciones son graves y afectan el bienestar psicológico y emocional de las tres cuartas partes de los afectados. Sin embargo, surge una tendencia alentadora a medida que las personas afectadas y sus redes exhiben politización y solidaridad. El estudio indica que una mayoría resistió las intervenciones con la asistencia de representación legal, mientras que otros ignoraron las demandas. Vale la pena señalar que las mujeres tenían más probabilidades de cumplir las exigencias de las demandas y menos probabilidades de resistirse en comparación con los hombres. El riesgo financiero y la falta de apoyo legal fueron las principales razones citadas por quienes no lucharon contra los ataques legales.

Además, el estudio expone el efecto paralizador de estas intervenciones, incluso más allá de los objetivos inmediatos. La mera amenaza de acción legal puede coaccionar a los actores e instituciones, hasta el punto de autocensurarse limitando sus declaraciones y actividades como medida de precaución. Estos efectos representan una grave amenaza para la sociedad civil democrática, ya que los demandantes no se encuentran con barreras que les impidan lanzar tales intervenciones y sólo se enfrentan a consecuencias legales mínimas.

A la luz de estos hallazgos, es imperativo tomar medidas para apoyar y proteger a las personas potencialmente afectadas por la intimidación legal de la derecha. El apoyo legal sólido, la asistencia financiera y un frente unido contra estas tácticas son cruciales para salvaguardar la libertad de expresión y garantizar que la democracia prospere. Juntos, debemos afrontar este insidioso armamento de la ley y preservar los principios que sustentan una sociedad abierta e inclusiva[6].

---

6 [https://www.antislapp.eu/news/german-far-right-using-slapps-to-shutdown-criticism-new-study-indicates].

Socios del proyecto PATFox

Dado que las amenazas de estos abusos son globales, lo adecuado es que quienes quieren proteger a organizaciones, a informadores, a investigadores y a sus medios también proyecten sus actuaciones más allá de sus fronteras y ofrezcan un arco lo más amplio posible para protegerlos de este flagelo. Así, el proyecto PATFox es compartido por instituciones de todos estos países europeos:

- España. La Fundación Internacional Baltasar Garzón (FIBGAR) es una fundación privada, social, sin ánimo de lucro, profundamente comprometida con la defensa y promoción de los derechos humanos, la jurisdicción universal y la lucha contra la impunidad[7].
- Alemania. Blueprint for Free Speech es una organización benéfica sin fines de lucro que trabaja internacionalmente para promover el derecho a la libertad de expresión sin interferencias o intrusiones indebidas. «Nuestra investigación y su promoción se esfuerzan por defender el artículo 19 de la Declaración Universal de Derechos Humanos, que afirma el derecho a la libertad de opinión y expresión de todas las personas»[8].
- Bulgaria. El Centro de Desarrollo de Medios de Sofía (Fondatsiya Tsentar za Razvitie na Mediite, MDC) es una organización no partidista y sin fines de lucro fundada en 1998. Se creó para promover y desarrollar los medios independientes en Bulgaria fomentando las capacidades y buenas prácticas del periodismo y estimulando la ética profesional; para institucionalizar el diálogo entre la administración estatal, los medios de comunicación y el sector de las ONG; y para impulsar el trabajo en red y la cooperación transfronteriza en la región del sudeste de Europa[9].

---

[7] Sitio web: [https://www.fibgar.es/].
[8] Sitio web: https: [//blueprintforfreespeech.net].
[9] Sitio web: [http://www.mediacenterbg.org/about-us/].

- Croacia. GONG es una organización de la sociedad civil centrada en mejorar los procesos e instituciones democráticos, así como en desarrollar una cultura política democrática y fomentar la participación activa y responsable de los ciudadanos en los procesos políticos, particularmente en los procesos de toma de decisiones relacionados con la buena gobernanza de la propiedad pública y colectiva, la protección y promoción del Estado de derecho, los derechos humanos y la solidaridad[10].

- Chipre. La Universidad Tecnológica de Chipre (Cyprus University of Technology, CUT) se estableció en 2004 como una universidad pública ubicada en la ciudad costera de Limasol. En su relativamente corta historia, la CUT obtuvo reconocimiento internacional como una de las universidades mejor clasificadas en Chipre y Grecia, incorporando la sostenibilidad en sus pilares estratégicos mientras preparaba a sus graduados para la nueva era. Se ha clasificado constantemente como una de las 60 mejores universidades jóvenes y como una de las 600 universidades líderes del mundo según el ránking mundial de universidades del Times Higher Education (THE) en los últimos años[11].

- Hungría. El Centro de Periodismo Independiente de Budapest (Független Médiaközpont o CIJ por sus siglas en inglés) fue establecido por la Fundación de Periodismo Independiente con sede en Nueva York en 1995. Desde entonces, el CIJ ha buscado apoyar el periodismo ético y de calidad y ha apuntado a contribuir a un entorno mediático donde la libertad de expresión y la libertad de prensa sean protegidas y promovidas[12].

- Malta. La Fundación Aditus se estableció como una ONG de derechos humanos que trabaja por una sociedad en la que todas las personas en Malta puedan disfrutar de todos sus derechos humanos fundamentales y tener acceso a re-

---

[10] Sitio web: [https://gong.hr/].
[11] Sitio web: [https://www.cut.ac.cy/].
[12] Sitio web: [https://cij.hu/en/].

cursos cuando sea necesario. Dentro de este enfoque general, sus iniciativas de promoción se dirigen a áreas donde creen que son necesarios cambios legales o de políticas y donde su contribución puede marcar la diferencia. En todo esto, trabajan estrechamente con varios socios, gubernamentales y no gubernamentales, nacionales, europeos e internacionales[13].

• Polonia. El OKO.press es un proyecto de periodismo de investigación y verificación de datos sin fines de lucro, creado para preservar la libertad de expresión y asegurar el acceso a la información en Polonia. En menos de cuatro años, OKO.press se ha convertido en un medio ampliamente reconocido, citado a menudo y respaldado por una comunidad amplia de lectores[14].

• Rumanía. El Centro de Periodismo Independiente (Fundatia Centrul pentru Jurnalism Independent, CJI) es una organización sin fines de lucro, con más de 25 años de experiencia, que actúa como guardián del periodismo profesional y de calidad, protegiendo los estándares periodísticos y desarrollando un entorno mediático equilibrado, honesto y responsable[15].

• Eslovaquia. MEMO 98 ayuda a las personas a recibir información justa y completa sobre los asuntos públicos. Después de trabajar durante 22 años en Eslovaquia y en el extranjero, son líderes mundiales en seguimiento de medios y elecciones. «Nuestro principal objetivo es garantizar que las personas obtengan contenido multimedia de buena calidad, esencial para mejorar su pensamiento crítico»[16].

• Eslovenia. El Institute for the Culture of Diversity Open (Zavod za Kulturo Raznolikosti Open) es una organización no gubernamental que se centra en el respeto de los derechos humanos, la difusión de la diversidad y la lucha con-

---

[13]   Sitio web: [https://aditus.org.mt/].
[14]   Sitio web: [https://oko.press/].
[15]   Sitio web: [www.cji.ro].
[16]   Sitio web: [https://memo98.sk/].

tra la discriminación. Realizan investigaciones, incidencias y campañas relacionadas con los derechos humanos, la cultura, la seguridad social y el sistema económico. «No queremos ser espectadores que se quedan callados cuando ven injusticias, por eso organizamos mesas redondas, conferencias, conciertos, talleres, veladas literarias y un festival. Monitoreamos el entorno local y global y producimos análisis y escritos»[17].

---

[17] Sitio web: [http://www.open.si].

CAPÍTULO IV

LAS GRANDES CORPORACIONES Y SUS GANANCIAS FRENTE A LOS DERECHOS HUMANOS

Gran parte de los defensores de la legitimidad de la libertad de emprender sostienen, sin necesidad de polémica, que el principal y necesario objetivo de la constitución de una empresa es obtener beneficios económicos, sin los cuales ninguna de ellas es viable, incluso las que no tienen fines de lucro.

Sin embargo, la libertad irrestricta de los empresarios o de los accionariados de las grandes empresas para elegir sus formas de producción, sus relaciones laborales, sus espacios de explotación y todo lo que tiene que ver con sus praxis para obtener ganancias hace varios decenios que está en debate y ha entrado en colisión con temas de gran sensibilidad actual.

Algunos elementos vitales, como la salud laboral, el derecho a la salud pública, la preservación del medio ambiente o los derechos de las personas a su estilo de vida y a las propiedades históricas de los pueblos originarios de distintas zonas del planeta, han entrado en conflicto con el necesario «sagrado» objetivo del beneficio económico.

No es casual, entonces, que gran parte de las demandas SLAPP estén dirigidas a los investigadores que indagan en la legalidad de las explotaciones que pueden vulnerar algunos de esos derechos o que van en contra de las comunidades locales que sienten que algunas de estas explotaciones ponen en riesgo su subsistencia, y también contra militantes defensores del medio o sus organizaciones, como pudiera ser Greenpeace, por mencionar la quizá más conocida.

A pesar del gran impulso que se ha intentado dar en todo el mundo al compromiso de la «responsabilidad social corporativa» (RSC) de la empresa, la verdad es que esa responsabilidad se ha utilizado en muchos casos como mero argumento de márketing dirigido a los consumidores y, otras veces, se ha demostrado que eran normas huecas que ni siquiera se materializaban en acciones que debían dirigirse a sus trabajadores o al entorno. Esta negación ha sido incluso manifestada por grandes empresas que no aceptan tener responsabilidad alguna respecto a las necesidades sociales.

Esto se ha hecho flagrante en España donde, por ejemplo, las organizaciones representativas de los medios audiovisuales han negado reiteradamente que deban asumir una responsabilidad social, y de forma reiterada incumplen obligaciones tan elementales como evitar discriminaciones por género o por etnia o impedir la reproducción de mensajes de odio de terceros. Son frecuentes las multas a estas emisoras por parte de las autoridades pertinentes por vulneración del horario protegido para el público infantil.

Principios Rectores sobre las Empresas y los Derechos Humanos

En junio de 2011, el Consejo de Derechos Humanos de Naciones Unidas hizo suyos los Principios Rectores sobre las Empresas y los Derechos Humanos que habían sido elaborados y presentados por el representante especial del secretario general de Naciones Unidas, el profesor John Ruggie. En virtud de ellos han quedado aparentemente consagradas normas de conducta que deberían observar todas las empresas y todos los Estados en relación con las empresas y los derechos humanos. Lo de «aparentemente» es porque estos Principios Rectores no tienen carácter jurídico vinculante.

Estas normas de la ONU generarían un marco de actuación de empresas y Estados que se apoya en tres pilares:

- El deber del Estado de proteger los derechos humanos respetando y cumpliendo sus obligaciones en materia de derechos y libertades fundamentales.
- El papel de las empresas como órganos especializados de la sociedad que desempeñan funciones específicas y que de-

ben cumplir todas las leyes aplicables y respetar los derechos humanos.

• La necesidad de que los derechos y obligaciones vayan acompañados de recursos adecuados y efectivos en caso de incumplimiento, de manera que se facilite y mejore el acceso a las vías de reparación de las víctimas de abusos cometidos por las empresas.

Según el protocolo de la ONU, «estos Principios Rectores deben entenderse como un todo coherente y ser interpretados, individual y colectivamente, en términos de su objetivo de mejorar las normas y prácticas en relación con las empresas y los derechos humanos a fin de obtener resultados tangibles para las personas y las comunidades afectadas, y contribuir así también a una globalización socialmente sostenible». Y agrega que los mismos «deben aplicarse de manera no discriminatoria, prestando atención especial a los derechos, necesidades y problemas de las personas pertenecientes a grupos o poblaciones con mayores riesgos de vulnerabilidad o marginación, y teniendo debidamente en cuenta los diversos riesgos que pueden enfrentar mujeres y hombres».

Además, esto obligaría a los Estados a «enunciar claramente que se espera de todas las empresas domiciliadas en su territorio o jurisdicción que respeten los derechos humanos en todas sus actividades».

Señalando de forma específica que

los Estados deben adoptar medidas adicionales de protección contra las violaciones de derechos humanos cometidas por empresas de su propiedad o bajo su control, o que reciban importantes apoyos y servicios de organismos estatales, como los organismos oficiales de crédito a la exportación y los organismos oficiales de seguros o de garantía de las inversiones, exigiendo en su caso la debida diligencia en materia de derechos humanos.

Los Estados, a título individual, son los principales sujetos de las obligaciones conforme a las normas internacionales de derechos humanos.

Quienes deseen conocer en detalle sus contenidos pueden indagar en los documentos que aportamos más abajo[1].

Cuando entremos en los ejemplos de demandas presentadas por algunas grandes multinacionales contra personas, grupos ciudadanos y ONG, veremos cómo todas y cada una de estas supuestas normas no han servido en absoluto para regular o contemporizar ese derecho a los beneficios económicos con los derechos humanos; al contrario, su avaricia las ha llevado no sólo a no respetarlos, sino a vulnerarlos en toda su extensión y perseguir por todos los medios a quienes se opongan a sus intenciones.

¿CÓMO IDENTIFICAR LAS SLAPP?

Un aspecto introductorio, pero no por ello menos interesante, es cómo identificar este tipo de demandas, cómo hallar un jurista que sepa cómo defendernos eficazmente ante los tribunales y, también, cómo realizar nuestras actividades de protesta, investigación o denuncia de acciones contra los derechos de las personas sin facilitar el ataque de los bufetes de abogados que se han especializado en este tipo de demandas.

¿Cómo se evalúa si un litigio tiene el sello de SLAPP? Las organizaciones preocupadas en dar respuesta a estos abusos judiciales consideran que una actuación judicial tiene alta posibilidad de serlo si se combinan estas particularidades:

- El litigio se entabló o fue iniciado por un actor privado (una empresa, el propietario de una empresa o los empleados de una empresa).
- El litigio apunta a actos de participación pública relacionados (pero no limitados) a los derechos humanos, la justicia social y la protección del medio ambiente, incluyendo

---

[1] [https://www.business-humanrights.org/es/temas-centrales/principios-rectores-sobre-empresas-y-derechos-humanos/] y [https://www.ohchr.org/sites/default/files/Documents/Publications/GuidingPrinciplesBusinessHR_SP.pdf].

críticas públicas o campañas de oposición. La participación pública puede incorporar una variedad de actividades que van desde la protesta pacífica hasta la publicación de artículos en blogs –asumiendo que se haga por interés público–.

• El litigio aparece después de que los defensores o la organización expresaran una crítica a las actividades económicas del demandante a través de un reporte, una publicación en redes sociales, un evento o entrevista, una campaña, una manifestación u otros medios pacíficos.

Estas organizaciones también tienen en cuenta una serie de criterios desarrollados por Greenpeace Internacional, que identifican este tipo de litigios si:

• Las reparaciones solicitadas son agresivas o desproporcionadas con respecto a la conducta objeto de la demanda o las sanciones son severas (por ejemplo, una gran cantidad de daños monetarios o largas penas de prisión).
• El fiscal está involucrado en maniobras de procedimiento que dan la apariencia de dilatar el caso.
• El demandante parece estar explotando su ventaja económica para presionar al acusado.
• El litigio tiene en la mira a periodistas o activistas, así como a las organizaciones para las que trabajan.
• Los argumentos presentados no tienen ni fundamento ni están basados en hechos.
• El fiscal usa el proceso del litigio para acosar a terceros que son críticos (por ejemplo, en el proceso de descubrimiento de pruebas).
• El litigio parece ser parte de un delito más amplio contra las relaciones públicas diseñado para la represalia, el acoso o la intimidación a los críticos.
• El demandante corporativo tiene un historial de SLAPP o de intimidación legal.

Las empresas del negocio de la guerra
y las SLAPP

«Las empresas no son agentes neutrales: su presencia no está exenta de repercusiones. Aun cuando las empresas no tomen partido en el conflicto, las consecuencias de sus actividades influirán necesariamente en la dinámica de este». Así lo sostiene el grupo de trabajo de la ONU sobre Empresas y Derechos Humanos y la mera observación de las circunstancias que rodean todos los conflictos bélicos, incluso los actuales, como el de Israel-Gaza, el de Rusia-Ucrania o la prolongada crisis en Sudán del Sur, no pueden modificar la responsabilidad social empresarial. En todo caso, deberían hacerla más notable y rigurosa, lo que no ocurre. Por ello mismo las organizaciones de derechos humanos han fijado su mirada en ella y en las denuncias SLAPP, como veremos más adelante.

Es cierto que las crueldades propias de la guerra y su aprovechamiento por parte de las distintas industrias no son hechos novedosos; a medida que aumenta la presión sobre la comunidad internacional para que contribuya a poner fin al sufrimiento humano, se incrementa la atención que se presta a la responsabilidad de las empresas que operan en la región –principalmente de las tecnológicas–, así como en otros lugares igualmente afectados por conflictos.

La creciente tensión geopolítica, junto con la enorme influencia adquirida por el sector privado, ha aumentado la participación de las empresas en los conflictos, a la vez que se incrementa su responsabilidad y crece la preocupación de la ciudadanía pacifista por la ignominia del comercio de herramientas para matar a los pueblos y la actividad que desarrollan para combatirlo.

¿Qué está significando esto para las actividades cotidianas de las empresas que actúan en zonas de conflicto y que suministran servicios, materiales y recursos para servir a las fuerzas que participan en él?

Estas nuevas circunstancias y los nuevos recursos impiden que sus actividades permanezcan ocultas, así aumentan los riesgos financieros y reputacionales considerablemente, lo que va acompañado de una amenaza real de que existan denuncias que acaben en consecuencias legales; entre otras, que se demuestre que han incurrido en una responsabilidad penal.

Las empresas tienen la responsabilidad intrínseca de aplicar de forma continua y reforzada la diligencia debida en materia de derechos humanos, de acuerdo con lo dispuesto en los Principios Rectores de la ONU sobre las Empresas y los Derechos Humanos. Además, también significa respetar el derecho internacional humanitario (DIH), que se fundamenta en los cuatro Convenios de Ginebra de 1949 y en sus Protocolos Adicionales de 1977 y 2005. El DIH se aplica tanto a las empresas como a los Estados, y trata de limitar los efectos de los conflictos armados y el sufrimiento humano de las personas que se ven atrapadas en ellos.

El juicio penal que se está llevando a cabo contra dos antiguos ejecutivos de Lundin Energy (ahora Orrön Energy) por acusaciones de complicidad en crímenes de guerra en Sudán del Sur envía una señal clara a las empresas multinacionales de que no hay impunidad para los crímenes de este tipo.

La existencia de una lista cada vez más nutrida de empresas acusadas de violaciones del DIH añade contenido a lo que esto puede significar para aquellas que intentan obtener beneficios a costa de los derechos, la vida y el bienestar de la población en zonas afectadas por conflictos.

Por ejemplo, se está investigando a la empresa mundial de suministros para la construcción Lafarge por complicidad en crímenes de lesa humanidad en Siria. Hace pocos años, dos ONG presentaron una demanda en Francia contra Total Energies por complicidad en crímenes de guerra en el contexto de la invasión rusa de Ucrania, donde la académica Tara van Ho ha señalado que «las empresas que deciden quedarse [en Rusia] deben saber que están incurriendo en la responsabilidad de tener que ofrecer reparación por su contribución a los crímenes de guerra, una responsabilidad que Ucrania probablemente les exija».

Además, más recientemente, personal experto de la ONU ha vuelto a poner en relieve los riesgos legales que existen para el sector privado que opera en zonas de conflicto, y han instado a la comunidad internacional y, de forma especial, a ciertas empresas «a poner fin inmediatamente al riesgo de genocidio contra el pueblo palestino» en medio de las varias acusaciones de crímenes de lesa la humanidad contra Israel.

Las empresas armamentísticas y extractivas, así como las empresas militares y de seguridad privada, ocupan un lugar destacado en la lista de agentes empresariales implicados de forma frecuente en los conflictos armados. Otras empresas como las tecnológicas, las de vigilancia, las plataformas de redes sociales y los proveedores de telecomunicaciones las siguen de cerca. Los expertos señalan que en el futuro desempeñarán un papel cada vez más importante en los conflictos, a medida que la guerra pase de las botas y los tanques a los drones, los satélites, la vigilancia y otras herramientas y planteamientos digitales.

Las empresas tecnológicas pueden y deben cumplir un papel importante en los conflictos armados; por ejemplo, garantizando el acceso a información, que a menudo salva vidas en esas zonas. Sin embargo, sus productos se están utilizando de forma preferente para facilitar la represión y la desinformación que contribuyen a potenciar estas crisis. El conflicto entre Israel y Palestina es el ejemplo más reciente y preocupante.

Cada vez son más numerosas las noticias sobre desinformación, difusión de contenidos nocivos, restricción de la comunicación entre civiles, fomento de los discursos de odio en línea, ciberataques y censura contra periodistas con posibles graves repercusiones legales para los agentes tecnológicos pertinentes. Algunos ejemplos los aportan las acciones legales emprendidas contra Meta por rohinyás refugiados en Myanmar o por etíopes en relación con el papel del gigante de las redes sociales en la violencia de la guerra de Tigray. En ambos casos se trata del supuesto fomento de la incitación al odio y la violencia en medio de crisis y conflictos.

El riesgo de que las empresas incurran en responsabilidad por malas prácticas en materia de derechos humanos se ve incrementado por un entorno normativo cambiante. Es probable que la Directiva de la UE sobre la diligencia debida en materia de sostenibilidad empresarial suponga un momento de inflexión en la labor de la rendición de cuentas de las empresas por esas acciones.

La recientemente promulgada Ley de Servicios Digitales de la UE puede ser otro ejemplo[2]. Esta Ley pretende, entre otras cosas, establecer un marco de responsabilidad para las plataformas en línea, incluso ordenando la necesidad de establecer medidas específicas durante los conflictos armados, como «adaptar los procesos de moderación de contenidos».

En el contexto de la Segunda Guerra Mundial, la popular marca deportiva Puma reconvirtió su negocio al fabricar vestimenta para el ejército alemán y el lanzagranadas Panzerschrek. Al finalizar la contienda, Rudolf Dasser, uno de los dueños de este emporio, fue acusado por sus vínculos con el nazismo. Algunas versiones sostienen que fue delatado por su hermano Adolf, quien tiempo después fundó Adidas.

LOS NEGOCIOS LO SIGUEN SIENDO EN TODAS LAS GUERRAS

Siempre se dijo que el capital no tiene fronteras y que «los negocios son los negocios», una frase que se lanza como cerrando todo debate sobre la legitimidad de las maldades que se pueden cometer si ellas generan ganancias comerciales. Un breve recorrido por algunas de las empresas, incluso no alemanas, que estuvieron al servicio del nazismo y el fascismo durante su expansión en la Europa de la década de 1930 e incluso durante la Segunda Guerra Mundial permite visualizar cómo el comercio sin escrúpulos contribuye al sacrificio humano y explica las SLAPP como una nueva forma de persecución, pero con los mismos objetivos en todo el mundo[3].

Thomas Watson, fundador de la empresa informática IBM, recibió la Gran Cruz del Águila de manos de Hermann Göring,

---

[2] [https://digital-strategy.ec.europa.eu/es/policies/digital-services-act-package].

[3] [https://www.business-humanrights.org/es/blog/obligaciones-legales-de-las-empresas-derechos-humanos-y-conflictos-mayor-riesgo-y-mayor-responsabilidad/].

por su aporte a la automatización de la identificación de unos 600.000 judíos alemanes con el revelamiento de datos en registros municipales, religiosos y gubernamentales. La filial de IBM Deutsche Hollerith-Maschinen Gesellschaft (Dehomag) diseñó y perfeccionó un sistema de cruzamiento de datos de los judíos de Alemania gracias al uso de las tarjetas perforadas. Así, de la persecución de judíos, gitanos, religiosos y otros «inadaptados sociales» o «bocas inútiles», se pasó a confiscar sus bienes, deportarlos, utilizarlos como mano de obra esclava, confinarlos en los campos de concentración, trabajo y exterminio, de manera efectiva. Esas mismas tarjetas perforadas se utilizaban en esos campos[4].

La empresa Nestlé, además de girar fondos para partidos fascistas de Suiza y otros lugares del mundo, empleó a miles de prisioneros para su producción; por lo cual, en el año 2000, tuvo que pagar 14,5 millones de dólares como resarcimiento a las víctimas de esa explotación. Tuvo que admitir que «es cierto o se puede asumir que algunas empresas del grupo Nestlé con actividad en países controlados por el régimen del nacionalsocialismo tenían trabajadores esclavizados». Su contribución a la financiación del partido nazi suizo le permitió ser el suministrador de chocolate del ejército alemán durante esos años.

Cuando la Coca-Cola GmbH no pudo seguir importando la materia prima para su producto estrella, creó en 1941 la marca Fanta para comercializarla en la Alemania nazi, y se calcula que en 1943 vendió allí en torno a tres millones de cajas. Su directivo Max Keith nunca fue nazi, pero para mantener la empresa a flote llegó a un acuerdo con el Tercer Reich, al igual que muchos otros empresarios alemanes. Hizo que la compañía obtuviera beneficios y que distribuyera Coca-Cola al ejército estadounidense en Europa tan pronto como acabó la guerra.

General Electric no fue una excepción, y en 1946 fue multada por el Gobierno de Estados Unidos por sus actividades espe-

---

[4] Edwin Black, «IBM y el Holocausto», [https://revistareplicante.com/ibm-y-el-holocausto/] y [http://www.cubadebate.cu/noticias/2012/08/23/negocios-que-crecieron-con-los-nazis/].

culativas durante la guerra. Junto a la empresa alemana Krupp, de forma intencionada y artificial, subió el precio del carburo de wolframio, un material vital para la maquinaria de guerra. Con esa estafa General Electric ganó en 1936 en torno a 1,5 millones de dólares mientras hacía incrementar los esfuerzos de guerra a sus compatriotas. También había comprado acciones de Siemens antes de la guerra, y se convirtió en su cómplice en el uso de mano de obra esclava para construir cámaras de gas, donde murieron muchos de esos trabajadores[5].

La sociedad civil se organiza en América Latina

La Comisión Europea ha solicitado información a la plataforma X (antes Twitter) y Meta sobre la «difusión de contenidos ilegales y desinformación» en el conflicto entre Israel y Palestina, aunque no parece haber suscitado un cambio en la actitud de esas empresas. Ya es innegable la implicación de las empresas tecnológicas en los conflictos y cómo contribuyen a la vulneración de los derechos humanos a pesar de los esfuerzos legales para frenar sus actividades perniciosas, y por ello, en algunas regiones la sociedad civil ha empezado a organizarse.

El Proyecto sobre Organización, Desarrollo, Educación e Investigación (PODER, por sus siglas en inglés) es una organización regional no gubernamental y sin fines de lucro. Su misión es fomentar la transparencia y la rendición de cuentas de las empresas por sus actuaciones en América Latina observadas desde la perspectiva de derechos humanos y fortalecer a los actores de la sociedad civil afectados por esas prácticas empresariales para que actúen como garantes de la rendición de cuentas a largo plazo[6].

Del 27 al 29 de noviembre de 2023 se llevó a cabo el 12.º Foro de Naciones Unidas sobre Empresas y Derechos Huma-

---

[5] [https://www.izquierdadiario.es/El-apoyo-de-las-grandes-corporaciones-a-Hitler].

[6] [https://poderlatam.org/que-hacemos/].

nos en el Palacio de las Naciones en Ginebra (Suiza). Ese año el tema central del Foro fue «Hacia un cambio efectivo en la implementación de las obligaciones, responsabilidades y reparaciones». El equipo de PODER participó en la mesa «Hacia la reparación efectiva del daño desde el sector financiero», donde se reflexionó sobre la responsabilidad de las instituciones financieras a la hora de evitar causar o contribuir a impactos negativos sobre los derechos humanos en sus propias operaciones y a través de sus relaciones comerciales, como empresas de cartera y clientes corporativos.

UNA EMPRESA MEXICANA QUE SE BENEFICIA EN LA CISJORDANIA OCUPADA

Para saltarse todas esas reclamaciones las grandes corporaciones apelan a todos los recursos más o menos legales para eludir sus responsabilidades y seguir lucrándose de las ganancias que les reportan sus malas conductas. Un claro ejemplo es la mexicana Cemex, S. A. B. de C. V., una de las proveedoras de cemento y concreto premezclado más grande del mundo. Readymix Industries Ltd., filial suya, ha proporcionado hormigón para la construcción de múltiples proyectos en la Cisjordania ocupada, incluido el muro de separación ilegal de Israel y puestos de control militares, así como proyectos de infraestructura en asentamientos ilegales israelíes, según lo reportado por la organización Who Profits[7].

Los reportes de esta organización sin fines de lucro denuncian que la empresa Cemex ha afrontado durante mucho tiempo críticas de otros inversores y de grupos activistas por sus instalaciones de fabricación en el territorio palestino ocupado.

En 2021 Cemex vendió sus dos últimas plantas que operaban en territorio palestino. Las plantas, ubicadas en las zonas industriales de asentamientos ilegales de Atarot y Mishor Adu-

---

[7] [https://www.whoprofits.org/].

mim en la ocupada Cisjordania, fueron adquiridas por la empresa privada israelí Future Concrete Ltd.

Tras esa venta, Cemex sostiene que ya no tiene instalaciones de producción en la ocupada Cisjordania; sin embargo, según el director general de la empresa, la venta sólo incluyó la propiedad y las instalaciones, mientras que las operaciones aún están a cargo de su filial, Readymix. Anteriormente, la empresa poseía otras dos plantas en territorios ocupados: en Mevo Horon y Katzrin, dos asentamientos israelíes ilegales en Cisjordania y los Altos del Golán.

En 2015, Cemex abandonó de manera similar sus actividades mineras en la Cisjordania ocupada, cuando se deshizo de su participación del 50% en la cantera de Yatir. Esa venta siguió a la decisión de varios inversionistas institucionales noruegos y suecos de excluir a Cemex de sus carteras debido a estas actividades. La empresa llevó a cabo una evaluación de riesgos para los derechos humanos y anunció una nueva política de no suministrar materiales de construcción a los «asentamientos ilegales» de Israel.

No ha sido la única ocasión en que esta empresa se ha visto señalada por casos de malas prácticas. En 2018, Edgar Ramírez, exvicepresidente de Cemex en Colombia, se presentó ante las autoridades de Estados Unidos con el propósito de colaborar con la justicia en un caso de corrupción que involucraría a la multinacional cementera. Según los reportes, en la información entregada por Ramírez se encuentran los detalles de un presunto departamento de Cemex llamado «Seguridad y Riesgo», que es de donde saldrían los sobornos necesarios para sus negocios y a través del cual, además, se habrían interceptado correos y comunicaciones de la competencia.

Por casos como estos resulta de suma relevancia impulsar la agenda de regulación de empresas y derechos humanos desde la comunidad internacional y los Estados, con el objetivo de garantizar que las firmas, principalmente las que se ubican en territorios en conflicto, sean reconocidas como actores que podrían cometer abusos y comprender cómo utilizan los recursos económicos, para así poder implementar las sanciones o acciones legales necesarias, tal como comentan la experta mexicana Fernanda Hopenhaym y Wesam Ahmad –defensor de los derechos humanos que forma parte del centro Al-Haq de derecho internacional con sede en Ramala (Palestina)–.

PODER solicitó una entrevista con la firma en México para aclarar las transacciones realizadas con la filial Readymix Industries, sin embargo hasta el momento del cierre de esta obra no ha respondido a esa solicitud[8].

ABUSOS Y MÁS ABUSOS

Cuando en diciembre de 1988 los profesores de la Universidad de Denver George W. Pring y Penelope Canan publicaron su estudio *Getting Sued for Speaking Out,* introdujeron en nuestro lenguaje el término SLAPP, hasta entonces desconocido. Pring y Canan señalaban en su obra que durante más de dos siglos la ciudadanía estadounidense se había sentido orgullosa de su participación garantizada en la cosa pública y su capacidad y libertad para implicarse en las decisiones del Gobierno. Sin embargo, en ese tiempo miles de personas habían sido objeto de demandas multimillonarias por pretender ejercer esos derechos que parecían garantizados.

Señalaban ya entonces que las Demandas Estratégicas contra la Participación Pública «son un abuso escandaloso de uno de nuestros derechos políticos más básicos: el derecho a la petición. El fenómeno es tan extenso y grave que el juez Nicholas Colabella comentó: "a falta de un arma en la cabeza, difícilmente se puede imaginar una amenaza mayor al contenido de la Primera Enmienda"».

Estos académicos estadounidenses establecían que estos abusos judiciales eran diferentes a los ataques conocidos hasta entonces a la libertad de expresión y ponían el acento en que las SLAPP tienen como objetivo acabar con el discurso crítico intimidando a quienes los sostienen y agotando sus recursos, socavando su par-

---

    [8] [https://poderlatam.org/2023/12/la-multinacional-mexicana-pionera-en-ocupacion-ilegal/].

ticipación pública activa, y destacaban que una de las características básicas de este tipo de acciones es la desproporción de poder y de recursos entre el demandante y el demandado.

Además, ya describían cómo estos demandantes suelen alegar daños para sus intereses como consecuencia de los esfuerzos de los ciudadanos por influir en el Gobierno o en la opinión pública sobre temas de gran relevancia social.

Georg W. Pring y Penelope Canan prevenían de la expansión de estas prácticas antidemocráticas, y como veremos, no se han equivocado. En todo el planeta las SLAPP se han convertido en un azote en manos de la prepotencia de los poderosos. Según distintos estudios, la mayoría de las personas y colectivos latinoamericanos que debieron enfrentarse a estas demandas abusivas eran activos en sectores estratégicos como la minería (108 demandas), agricultura y ganadería (76), proyectos madereros (29) y aceite de palma (20), revelando todos ellos un patrón común de litigio abusivo en relación con los sectores muy dependientes de recursos naturales.

En Europa gran parte de estas demandas están vinculadas a actividades de empresas energéticas, alimentarias, inmobiliarias y financieras, y los actores demandados son en gran parte medios de comunicación independientes, sin respaldo de grandes corporaciones, e investigadores o periodistas que pretenden documentar praxis peligrosas para los derechos de la ciudadanía.

CAPÍTULO V

UNA PARTE DE ESTA LARGA HISTORIA DE INFAMIA

Ya hemos visto algunos casos exponenciales de persecución a investigadores y a quienes aspiran a reivindicar los derechos humanos cuando se interponen contra ellos demandas construidas a base de retorcer la jurisprudencia. En la gran mayoría de los casos sin negar los hechos que denuncian los investigadores, sino aferrándose a tortuosos atajos judiciales para denunciarlos por el mero hecho de investigar. Veremos algunos casos más que nos mostrarán la diversidad de estas SLAPP.

SLAPP EN EL FÚTBOL INTERNACIONAL

En diciembre de 2016, el diario alemán *Der Spiegel,* el español *El Mundo* y varios otros medios europeos afiliados a la red European Investigative Collaborations (EIC) comenzaron a publicar información sobre un mundo de gran presencia mediática: el del fútbol. Sin embargo, como hoy seguimos comprobando, su presencia diaria en los medios de todo el planeta no disipa la opacidad de sus relaciones comerciales ni las nubes de su corrupción algo más que presunta.

Aquellas informaciones publicadas en 2016 aludían no sólo a la elusión fiscal de varias estrellas de fútbol y de sus clubes, sino a la letra pequeña de sus contratos, costes de traspaso y salarios de famosos del balón. Gran parte de esa información –cerca de 18,6 millones de documentos, incluidos contratos, correos electrónicos y hojas de cálculo– había sido facilitada por el sitio Football Leaks. Esas filtraciones permitieron que más de medio centenar de periodistas de 12 medios europeos iniciaran la investigación de lo que revelaban esos contenidos, llegando a verificar varios casos de los que destapaba esa documentación. Quizá se hubiera podido avanzar más en ellas y darlas a conocer, pero una muy pronta sentencia de la justicia portuguesa, que suele ser lenta, frustró esas intenciones. El juez portugués Arturo Zamaniego dictó una sentencia que prohibía a la red European Investigative Collaborations publicar más información sobre esos temas hasta «la investigación legal de su obtención»[1].

En un caso claro de SLAPP, el juez no pone en duda la veracidad de la información, sino que le preocupa, ante todo, si se violó algún trámite legal en su obtención. La organización internacional Reporteros sin Fronteras (RSF) se apresuró a declarar que la decisión del juez Zamaniego era un claro «intento de censura de escala continental».

Siete años después de la revelación de Football Leaks, el único inculpado es el *hacker* Rui Pinto, inmerso en un proceso judicial por «piratería informática» y un supuesto «intento de extorsión», denunciado por uno de los que aparecen en los escándalos desvelados por los documentos facilitados por la red EIC.

El 22 de noviembre de 2023 Rui Pinto fue condenado en París a seis meses de prisión, que quedarían en suspenso, y a un euro en concepto de indemnización por daños y perjuicios en el marco de una comparecencia previa a su admisión de culpabilidad por haber entrado en tres buzones del club Paris Saint-Germain, que le perseguía por esa acción.

El *hacker* portugués no se beneficia de la condición jurídica de denunciante ni de las protecciones asociadas a ella, que existen en algunos países europeos. Sin embargo, sus revelaciones motivaron la apertura de varias investigaciones judiciales en Francia sobre la evasión fiscal del jugador parisino Javier Pastore o el registro étnico en el PSG. Este último expediente podría reactivarse, ya que Rui Pinto podría mostrarse dispuesto a continuar colaborando con la Fiscalía Financiera Nacional.

A pesar de ello, su situación jurídica es muy incierta en Portugal, donde sufrió un año de prisión preventiva y luego fue conde-

---

[1] [https://www.infolibre.es/temas/european-investigative-collaborations-eic/].

nado a cuatro años de presidio, además de un posible nuevo juicio en su país. Su larga lucha es posible que llegue al Tribunal Europeo de Derechos Humanos. Mientras tanto, la ONG The Signals Network[2], «dedicada a proporcionar servicios de soporte personalizados a un número seleccionado de denunciantes que han contribuido a informes publicados sobre irregularidades importantes», ha lanzado una convocatoria de donaciones para financiar los honorarios legales a Rui Pinto. Por su parte, el Syndicat National des Journalistes pide el apoyo de sus afiliados y otros profesionales para «este denunciante que ha contribuido en gran medida a hacer pública información de interés general».

EL LARGO CASO McDIFAMACIÓN (*McLIBEL CASE*)

En 1986, un pequeño grupo de ecologistas conocido como London Greenpeace, dentro de sus varias campañas ecológistas editó un panfleto titulado *What's Wrong with McDonald's: Everything They Don't Want You to Know* (¿Qué está mal en McDonald's? Todo lo que ellos no quieren que sepas). En el mismo, los activistas Helen Steel y David Morris sostenían que la empresa multinacional McDonald's Restaurants es cómplice del hambre en el tercer mundo; que compra a gobernantes y elites económicas; que desperdicia grandes cantidades de cereales y agua; que destruye bosques tropicales con herbicidas; que vende comida basura y adictiva; que maltrata a los animales de los que extrae la carne que utiliza; y que explota a sus trabajadores y les prohíbe sindicarse.

Las acusaciones no eran pocas y la empresa alimentaria reaccionó con una demanda por difamación (*McDonald's Restaurants vs. Morris & Steel case*), aunque de forma coloquial era conocido como *McLibel case* (caso McDifamación) y los acusados como «los dos del *McLibel case*».

El caso se convirtió en el más dilatado juicio SLAPP de la historia, ya que se cerró en febrero de 2005 tras casi dos años de

---

[2] [https://thesignalsnetwork.org/].

alegaciones. El caso original, considerado por expertos legales como «Demanda Estratégica contra la Participación Pública» y prolongado siete años, es la acción más larga en la historia del tribunal británico. McDonald's ganó de forma parcial dos audiencias tras dos años y medio, pero fue derrotado en la calle donde se hablaba de una lucha de David contra Goliat y donde iba perdiendo prestigio en la opinión de los británicos. Por fin, la empresa hizo público que pensaba recoger las 40.000 libras esterlinas de la indemnización fijada por los tribunales, lo que no pudo hacer.

En este punto los abogados de Helen Steel y David Morris recurrieron ante el Tribunal Europeo de Derechos Humanos (TEDDHH), alegando que se les había negado asistencia legal a sus representados, ya que, ante la imposibilidad de contratar abogados por falta de dinero, habían tenido que defenderse solos frente a un experimentado equipo de juristas de la multinacional estadounidense. El TEDDHH advirtió que, en efecto, en el juicio celebrado en Londres se habían violado sus derechos a un juicio justo (art. 6) y a la libertad de expresión (art. 10) de la Carta de la Convención Europea de Derechos Humanos.

El Tribunal de Estrasburgo pronunció su fallo el 15 de febrero de 2005; sostuvo que los ambientalistas tenían el derecho de expresar su punto de vista sobre McDonald's y que es de interés público que las empresas multinacionales estén abiertas a las críticas.

Por otro lado, halló que el Gobierno británico había violado esos derechos humanos al no proveerles de asistencia financiera adecuada para tener una representación justa en el proceso judicial, que sus actuaciones estaban amparadas por su libertad de expresión y dictó una sentencia que obligaba a Reino Unido a indemnizar a los activistas con 57.000 libras esterlinas.

McDonad's estaba entonces fuera del caso, ya que la sentencia contra ellos no se discutió, pero el fallo contra la administración británica dejó demostrado, tras casi dos decenios, hasta dónde llegaba la trama SLAPP construida contra los activistas de London Greenpeace.

Hay quienes opinan que, tras aquel fallo de la Comisión Europea de Derechos Humanos, el Gobierno británico debería flexibilizar su legislación en materia de difamación, que es una de las más severas del mundo.

SLAPP CONTRA ACTIVISTAS EN DEFENSA DEL MEDIO AMBIENTE

En diciembre de 2014, la empresa Energy Transfer Partners, L. P. (ETP) –de Dallas, Texas– presentó una solicitud para obtener el permiso para construir el oleoducto Dakota Access (DAPL), con una inversión de 3,78 mil millones de dólares. Esta obra debía transportar petróleo crudo desde el campo de lutitas del que se obtenía, en el noroeste de Dakota del Norte, a través de ese territorio y de Dakota del Sur y Iowa, hasta una instalación de almacenamiento y transporte en Illinois.

El proyecto DAPL fue aprobado sin tener en cuenta que las tierras que cruzaba el oleoducto pertenecían a la tribu sioux Standing Rock, a la cual no se le había pedido permiso ni siquiera informando de la obra que se pretendía ejecutar; requisitos señalados como imprescindibles por los estándares internacionales. Como es de imaginar, el pueblo sioux se movilizó en defensa de sus derechos y solicitó la detención del proyecto, lo cual fue desoído por la empresa a pesar de que las solicitudes las hicieron el Departamento de Justicia, el Departamento del Interior de Estados Unidos y el Ejército, aduciendo que no se daban los niveles adecuados de evaluación y diligencia debida para su ejecución.

En sus actuaciones Dakota Access arrasó un corredor lleno de tumbas tribales sagradas para los sioux; un documentado informe señaló daños en al menos 380 de esos sitios a lo largo de la ruta del oleoducto. Para otoño de 2016, el conflicto había adquirido una dimensión internacional, ya que la comunidad consiguió el apoyo de Greenpeace y ejecutó acciones originales, como que jóvenes activistas de Standing Rock corrieran desde Dakota del Norte hasta Washington D. C. para presentar una petición de protesta por la construcción del oleoducto, y lanzó una campaña internacional llamada ReZpect Our Water.

Greenpeace hizo el caso suyo y denunció, en el informe *Ir demasiado lejos y demasiado a menudo* –que aún figura en su web[3]–, las «tácticas inmorales e inapropiadas empleadas por ETP y otras empresas vinculadas con ella contra los opositores de DAPL», y resaltó cómo, a pesar del mayor escrutinio global y la intensa crítica de las tácticas de ETP en Standing Rock para intimidar y suprimir a la oposición, la empresa continúa con este modo de actuar y con estas mismas tácticas que han generado una gran polémica. El uso repetido que hace ETP de estas tácticas de intimidación significa que la compañía y las entidades financieras asociadas se exponen a riesgos de polémicas similares en proyectos actuales y futuros.

El oleoducto Dakota Access se convirtió en uno de los proyectos de energía más contestados, ya que los activistas ambientales y las tribus nativas americanas intentaron varias veces bloquear el oleoducto en un enfrentamiento que duró meses con las autoridades de Dakota del Norte en 2016. En octubre de ese año, las protestas por el oleoducto estallaron en una construcción cerca del río Cannonball, con el resultado del arresto de cientos de personas y el uso de la fuerza por parte de una empresa de seguridad privada, la policía estatal, la del condado de Dakota del Norte y la Guardia Nacional de México.

Ya en agosto de 2017, Energy Transfer demandó a los grupos ambientalistas Greenpeace USA, BankTrack y Earth First!, acusándolos de intentar lucrarse mediante el *ecoterrorismo*. BankTrack respondió que el caso era una Demanda Estratégica contra la Participación Pública carente de fundamento y defendió la legalidad de informar al público y a los bancos sobre proyectos con «impactos sociales, ambientales y de derechos humanos negativos».

La lucha prosiguió casi durante dos años más, y el 15 de febrero de 2019 el Tribunal Federal de Dakota del Norte desestimó la demanda por extorsión y difamación presentada por Energy Transfer Partners L. P., la cual alegaba que Greenpeace USA

---

[3] [https://es.greenpeace.org/es/sala-de-prensa/informes/ir-demasiado-lejos-y-demasiado-a-menudo-resumen/].

había engañado a la opinión pública con afirmaciones falsas sobre los lugares sagrados de la tribu sioux de Standing Rock y la probabilidad de que el oleoducto contaminara el río Misuri en Dakota del Norte. Greenpeace demostró que los oleoductos de transferencia de energía y los que son propiedad de las subsidiarias de la compañía provocaron vertidos de petróleo «más de 500 veces en la última década».

Ante el fallo la ETP dijo que estaba decepcionada por la orden judicial y que tenía la intención de continuar con sus reclamos en el «lugar apropiado», sin dar más detalles.

Greenpeace en un comunicado calificó la desestimación de la demanda como una victoria y expresó que esta envía una señal de que no se tolerará la «extralimitación corporativa».

El Gobierno de Barack Obama negó el permiso necesario para la construcción del oleoducto de Dakota Access.

JAVIER MILEI TAMBIÉN SABE CREAR SLAPP
Y DOBLEGAR A PERIODISTAS

En junio de 2021, el actual presidente argentino, siendo diputado nacional por la formación La Libertad Avanza, acudió al programa de Viviana Canosa en la cadena A24, donde fue entrevistado por esta y, entre otras declaraciones, opinó sobre sus adversarios políticos de esta manera: «no sólo le ganamos a la izquierda en lo productivo, somos superiores moralmente, estéticamente, y eso les duele. Los zurdos de mierda están perdiendo la batalla cultural».

Sin entrar a valorar la verdad de esas palabras ni sacarles punta a las supuestas certezas de sus afirmaciones, es innegable que esas declaraciones –por otra parte, frecuentes en la política rioplatense– eran un bocado apetecible para cualquier periodista dispuesto a entrar al trapo. Esto no quiere decir que del otro lado del Atlántico o en el resto de las Américas no se hagan afirmaciones del mismo calibre y dudoso rigor.

Lo cierto es que los periodistas Débora Plager, Pablo Duggan, Fabián Doman, Paulo Vilouta y Martín Candalaft, puede ser que hubiera otros, se despacharon al respecto con frases como estas: «hablar de superioridad estética hoy en día es algo horrible [...]. Pero la superioridad estética tiene mucho que ver con la supuesta superioridad racial, que fue uno de los grandes argumentos y estandartes del nazismo». Todas fueron coincidentes en que el diputado Milei había lanzado un mensaje supremacista y con tintes de la extrema derecha histórica.

Los apoderados del ahora presidente se personaron en el Juzgado Nacional N.º 103 para demandar a Duggan, mientras que el resto de los mencionados fueron demandados en el Juzgado Nacional N.º 33; a cada uno de ellos se les solicitó una reparación de un millón de dólares. La solicitud de abultadas reparaciones, como hemos visto, es una constante de las SLAPP.

«Con total impunidad me compararon con un ser nefasto de la historia mundial [Adolf Hitler], con un asesino, con un genocida, y sin ningún argumento me incluyeron dentro de un movimiento que acabó con la vida de más de seis millones de personas», justificó Milei en sus demandas[4].

La presentación judicial fue repudiada por organizaciones como la Fundación Led y el Foro de Periodismo Argentino (FOPEA), quienes expresaron su preocupación en torno a una acción que, consideran, pone en riesgo la libertad de expresión. La primera de ellas manifestó lo siguiente en un comunicado:

> La Fundación Led entiende que estas demandas judiciales dirigidas a periodistas, cuando son iniciadas por funcionarios o diputados, constituyen un cercenamiento a la garantía constitucional de la libertad de expresión que protege la libertad editorial y las expresiones periodísticas, ya que van dirigidas a condicionar la valoración u opinión de los periodistas sobre quien los denuncia. En este caso, un dirigente que dice abrazar ideas libertarias, concita particular atención, ya que estas prácticas contravienen el principio fundador de las libertades republicanas, como lo es la libertad de expresión.

---

4 [https://www.perfil.com/noticias/politica/javier-milei-demando-por-5-millones-a-cinco-periodistas-por-rally-difamatorio-quienes-son-y-por-que.phtml].

Por su parte, FOPEA, en su comunicado del 1 de junio de 2022, expresó:

> [S]u preocupación por la demanda judicial presentada por el diputado nacional Javier Milei contra los periodistas Débora Plager, Pablo Duggan, Fabián Doman, Paulo Vilouta y Martín Candalaft, a quienes les reclama una indemnización millonaria por daños y perjuicios a partir de opiniones y críticas vertidas por los colegas.
>
> Una acción judicial y el riesgo de pagar una suma cuantiosa generan incertidumbre y representan una amenaza a la tarea periodística. En rigor, la presión judicial y económica que resulta de una demanda de este tipo implica un condicionamiento al ejercicio de la libertad de expresión para los profesionales afectados y genera un efecto de autocensura en el resto de la actividad […].
>
> La crítica forma parte del lógico juego de diversidad de opiniones en un sistema democrático y ante cuestionamientos periodísticos existen mecanismos como el derecho a réplica, eficiente para actuar como contrapeso en la opinión pública […].
>
> Al involucrarse en los asuntos públicos, los dirigentes políticos deben asumir una defensa irrestricta del trabajo periodístico y la libertad de expresión. Es más, deben convertirse en garantes de la plena vigencia de estos derechos.

Estos apoyos y los ejemplos de casos similares en otros países no hicieron desistir a Milei en su demanda. Por lo menos dos de los periodistas demandados, Pablo Duggan y Paulo Vilouta, evitaron la polémica en los juzgados y la defensa de sus comentarios, aunque tuvieron que pedir disculpas públicas a Milei.

El actual presidente de Argentina, Javier Milei, tiene una historia larga de desencuentros con la prensa; esto no tiene nada de extraordinario, ya que el trabajo de los periodistas con frecuencia colisiona con los intereses de los políticos, y muchos de estos no digieren con esmero las críticas que les llegan de la prensa. Sin embargo, esto adquiere otras dimensiones cuando el criticado considera que los periodistas no tienen por qué hacerlo y llega al punto de considerar que su honor ha sido ofendido.

DENUNCIADAS POR PROTESTAR POR EL IMPACTO AMBIENTAL DE CENTRALES HIDROELÉCTRICAS

Del 21 de enero al 30 de junio de 2022, las defensoras de los derechos ambientales Sunčica Kovačević y Sara Tuševljak recibieron tres demandas por difamación y la advertencia de mayores acciones judiciales por parte de la empresa BUK d. o. o., es decir, varias demandas SLAPP contra ambas por su campaña pública contra el impacto medioambiental de las centrales hidroeléctricas de la empresa.

Sunčica y Sara son dos estudiantes de derecho de veintiséis años que formaron un grupo compuesto por miembros de la comunidad local y activistas que se organizaron para protestar contra la construcción de pequeñas centrales hidroeléctricas junto al río Kasindolska, al este de Sarajevo (Bosnia y Herzegovina). Esta iniciativa nació de la preocupación ciudadana por el impacto medioambiental y la vulneración de los derechos humanos en las centrales explotadas por BUK d. o. o, filial de la empresa Green Invest, con sede en Bélgica.

Sunčica Kovačević, que es la presidenta del grupo informal de ciudadanos denominado Detengan la Construcción de MHE en el río Kasindolska, ha señalado que su lucha es importante y que el proceso contra ella y Sara por parte del inversor belga representa un gran riesgo para ellas, pero que confían en el apoyo que les debería dar la administración de Bosnia y Herzegovina. Sunčica llegó a decir:

> En total se presentaron tres demandas, dos contra Sara y una contra mí, y el año pasado también recibimos dos advertencias sobre nuevas demandas después de la organización de la exposición fotográfica «Dos años de lucha por el río Kasindolska». Las audiencias preliminares de nuestros procedimientos judiciales finalizaron esta semana y no esperamos la audiencia principal antes de septiembre (2022). Creemos que el objetivo de estas demandas no es proteger los intereses legales de los inversores, sino más bien intimidarnos, silenciarnos y disuadirnos de tomar medidas adicionales.

Lo que más nos respaldó fue el apoyo que tuvimos de redes de organizaciones como la Coalición para la Protección de los Ríos de Bosnia y Herzegovina, Eco BiH y ahora de Amigos de la Tierra. En una sociedad como esta, donde existen relaciones de poder pronunciadas y desiguales, intentamos reemplazar la falta de democracia y de Estado de derecho con presión, y vemos que las decisiones e incluso las leyes no se toman por el interés general, sino en interés de los grandes grupos; la única manera de luchar contra tales injusticias y por nuestros derechos es actuar juntos y en solidaridad. Estoy agradecida de que durante este periodo desafiante y difícil para Sara y para mí podamos ser testigos de la unión y la solidaridad, y estoy muy contenta de estar aquí hoy.

En noviembre de 2022, ambas solicitaron una respuesta a Green Invest; la empresa declaró que las demandas se habían interpuesto para poner fin a la difamación que sufrían por las demandadas. Por su parte, organizaciones defensoras del medio ambiente como Riverwatch, EuroNatur, Foundation Atelier for Community Transformation (ACT), Save the Blue Heart of Europe y Stop Building Small Hydropower Plants on Kasindolska River han expresado su apoyo a Sara Tuševljak y Sunčica Kovačević.

El 25 de abril de 2023, se llevaron a cabo las audiencias preliminares en el Tribunal de Primera Instancia de Sokolac, en Bosnia y Herzegovina. El juez aceptó la solicitud de peritaje de la empresa y nombró a expertos de los sectores de la construcción, hidrológico, meteorológico y forestal con el fin de que examinaran los lugares donde se planea construir las centrales hidroeléctricas y toda la documentación relevante del caso.

El representante legal de la empresa inversora BUK d. o. o. ofreció un trato a las defensoras de los derechos medioambientales. Según este, la empresa retiraría la denuncia y abandonaría el caso contra ellas si renunciaban a sus declaraciones anteriores. Tanto Sara como Sunčica lo rechazaron y han mantenido sus declaraciones iniciales, que, según dijeron, se basaban en lo sucedido y lo que habían presenciado.

El Tribunal aceptó todos los documentos presentados por ambas partes como prueba y aplazó la audiencia a la espera de la presentación de los informes periciales al Tribunal Constitucional de Bosnia y Herzegovina, que se pronunció a finales de 2023. El Alto Tribunal apoyó la protección del río Kasindolska y aceptó los dos recursos presentados por el Centro Aarhus en Bosnia y Herzegovina contra los fallos anteriores; que es el primer paso para progresar en esa defensa medioambiental.

Sunčica Kovačević y Sara Tuševljak consideran esta decisión como otra batalla ganada en la lucha por la protección del río Kasindolska y esperan que sea una introducción a la protección institucional de los ríos. «Realmente espero que así sea y espero que finalmente comprendan que deben respetar la ley y las normas legales, que deben involucrar al público en los procesos de toma de decisiones, las personas que viven al lado de los ríos deben estar implicadas de principio a fin de acuerdo con el Convenio de Aarhus», afirmó Tuševljak a la prensa. «Y así lo confirman las sentencias de los tribunales de toda Bosnia y Herzegovina. Realmente es hora de empezar a respetar los procedimientos legales, especialmente si esos actos administrativos entregan nuestros bienes comunes para el uso y enriquecimiento de un pequeño número de personas».

Front Line Defenders, otra organización en defensa de los derechos humanos, también expresó su profunda preocupación por las demandas contra estas defensoras de los derechos ambientales, y considera que las SLAPP son cada vez más utilizadas en la región contra defensores de estos derechos ciudadanos y ambientales[5].

---

[5] [https://www.frontlinedefenders.org/en/case/women-environmental-rights-defenders-sara-tusevljak-next-hearing/https://www.business-humanrights.org/en/latest-news/green-invests-response-to-slapps-research/].

CAPÍTULO VI

LA SLAPP NUESTRA DE CADA DÍA, QUE SUMA Y SIGUE

En los casos referidos en el capítulo anterior hemos agrupado algunas de las denuncias SLAPP consideradas arquetípicas de este tipo de situaciones, infamias que se consuman en un espacio que no se ha creado para tales fines: los tribunales de justicia. Como hemos señalado anteriormente, en ellas se combinan la avaricia de los poderosos y la falta de ética de los juristas, que con su erudición han sabido retorcer las leyes para defender las vulneraciones a los derechos de la ciudadanía cometidas por administraciones y empresas, para lo cual esos abogados fabrican recursos legales que les permitan perseguir a quienes se rebelan contra los abusos.

A continuación aportamos una colección no exhaustiva de estas prácticas indignas.

EL CONSEJO INTERPROFESIONAL DEL VINO DE BURDEOS PRACTICA LA SLAPP

En septiembre de 2020, la asociación Toxic Alert que lucha contra los agentes fitosanitarios en la viticultura denunció la presencia de residuos de pesticidas sintéticos en 22 vinos, entre ellos 19 con denominación de origen Burdeos, que habían sido certificados como de alto valor ambiental (HVE). La denuncia se basó en un estudio realizado gracias a una financiación colectiva[1].

---

[1] [https://www.goodplanet.info/2022/02/08/valerie-murat-porte-parole-delassociation-alerte-aux-toxiques-le-lobby-du-vin-ne-veut-pas-quon-sache-comment-leurs-vins-sont-produits-les-pesticides-employes-et/].

Lideraba esta acción la activista Valérie Murat, que desde hace años lucha contra el uso de pesticidas con riesgo, alguno de los cuales habían provocado la muerte de su padre, enólogo, en 2012. Murat se halla al frente de la organización ecologista Toxic Alert, que es beligerante a la hora de denunciar los riesgos para la salud que estos pesticidas significan para los trabajadores agrícolas y vitivinícolas, así como para los residentes en las zonas en que se aplican.

En noviembre de 2021, una decisión judicial suspendió el recurso de Toxic Alert, tras lo cual fue demandada Valérie Murat y su asociación por el Consejo Interprofesional del Vino de Burdeos (CIVB). Como consecuencia de esa demanda, fueron condenados por la denigración que les habría supuesto la publicación de los resultados de aquel análisis y obligados a pagar 125.000 euros al denunciante antes de poder recurrir la decisión judicial.

Esto último significó un verdadero golpe para la pequeña estructura de la organización; la demanda se asentó en que la «etiqueta verde», que fue fijada a propuesta del Consejo Interprofesional del Vino de Burdeos, no prohíbe el uso de productos fitosanitarios. Por lo mismo, los activistas señalan que ese consejo ha legalizado un *lavado verde*. Desde entonces y hasta octubre de 2022, han tenido que dedicarse a una campaña de *crowdfunding* para obtener los 125.000 euros que les permitieran presentar un recurso judicial.

Antes de hacer efectivo ese pago en la Fiscalía, Valérie Murat se presentó a las puertas del CIVB con una réplica gigante de un cheque por esa suma; allí, luego de tres años de silencio impuesto, dijo: «Ahora que hemos conseguido recaudar los 142.809 euros, ¡la lucha podrá reanudarse! Estamos poniendo fin al proceso de este juicio mordaza […] para que finalmente podamos hablar del fondo de este asunto: ¿qué ponemos en las vides de propiedades certificadas HVE para producir estos vinos?».

Poco después la líder de Toxic Alert difundió un comunicado en el cual se insiste en que han sufrido «un juicio mordaza»:

El 29 de octubre de 2020, el Consejo Interprofesional del Vino de Burdeos (CIVB) y otros 25 actores del sector presentaron una denuncia contra la asociación y contra mí por denigración colectiva del sector. Lo presentaron en Libourne, una jurisdicción conocida por estar de acuerdo sistemáticamente con el *lobby* vitivinícola. El 25 de febrero de 2021, el tribunal judicial nos condenó sobre la base de las alegaciones de los demandantes. Su línea de defensa pretende desviar nuestro punto de vista: yo habría dicho que «consumir vinos de Burdeos es tóxico y cancerígeno». Se adentraron más en el terreno de la denigración comercial que en el de la difamación, porque esta última no habría resistido frente a los análisis de laboratorio. Además, los análisis que hemos realizado desde 2018 nunca han sido contradichos.

Esta sentencia sin precedentes fue acompañada de una ejecución provisional que obligó a Toxic Alert y a su portavoz a pagar conjuntamente la suma incluso antes de una audiencia ante el Tribunal de Apelación.

La asociación ha recaudado la suma que se le exigía mediante donaciones de 2.852 personas y 27 organizaciones. Ahora está autorizada a apelar y tiene intención de utilizarlo para discutir los méritos del caso.

El procedimiento de recurso debería permitir informar al público sobre esta etiqueta que «permite el uso de productos sospechosos de ser cancerígenos, mutágenos, tóxicos para la reproducción o alteradores endocrinos para la producción de vino». Con redobladas energías, la asociación retoma la lucha contra los pesticidas en Burdeos.

Se trata de un ensayo de SLAPP que sirve de advertencia a las personas que quieran ejercer su libertad de informar. Este asunto tiene el mérito de mostrar la actitud de la burguesía vitivinícola de Burdeos, que no quiere que la gente vea cómo se produce el vino.

LA MULTINACIONAL AGROINDUSTRIAL BELGA SOCFIN ES REINA DE LAS SLAPP

SOCFIN es un grupo agroindustrial especializado en el cultivo de aceite de palma y caucho; está controlado por el empresario belga Hubert Fabri (54,2% de las acciones) y el francés Vincent Bolloré (39% de las acciones). Desde hace varios años, la empresa viene ampliando su producción en distintos países de África y Asia, ya posee más de 400.000 ha de tierra y sus plantaciones aumentaron de 129.658 a 194.300 ha entre 2009 y 2018. Fian Internacional, una ONG por el derecho a la alimentación y la nutrición, ha denunciado que esta expansión de SOCFIN «va en detrimento de los/las pequeños/as agricultores/as y suele ir acompañada de violaciones de los derechos de las comunidades locales, conflictos por la tierra, riesgo de deforestación, contaminación, malas condiciones de trabajo, así como de la criminalización de los/las defensores/as de los derechos humanos», entre otros.

A principios de diciembre de 2019, más de siete colaboradores de Fian Internacional y otras tres ONG tuvieron que comparecer ante un juez de instrucción en Luxemburgo a raíz de una demanda por difamación iniciada por esta multinacional agroindustrial. Se trataba de un nuevo intento de SOCFIN para silenciar las críticas a su gestión. El grupo suele interponer este tipo demandas, ya lleva emprendidos más de 30 procedimientos de difamación contra ONG y periodistas en distintos países y en todos los casos reclamando indemnizaciones millonarias.

En menos de un mes, enero de 2020, el tribunal dictó la absolución de todos los demandados basándose en la buena fe de estos, reconoció que habían tenido una base veraz, que habían utilizado los términos con esmero y que «el tema tratado representa un objetivo legítimo de expresión y también un tema de interés general, en lo que respecta a las condiciones en las que las empresas desarrollan sus actividades, más particularmente el impacto de la palma aceitera en los residentes locales».

La sistematización de estos procedimientos demuestra una verdadera estrategia de esta corporación, si bien es cierto que casi nunca han tenido éxito, persisten en estas acciones para intimidar a las ONG y a los periodistas, silenciarlos y hacerlos financieramente vulnerables.

Una demanda anterior se había presentado en Francia tras la publicación en abril de 2015, por parte de la ONG Sherpa, de artículos originales de la ONG ReAct en los cuales se informaba de las demandas de ciudadanos de Camerún contra Socapalm, SOCFIN y el grupo Bolloré, por acaparamiento de tierras, calamitosas relaciones laborales dentro de sus fincas y movilizaciones de trabajadores y vecinos de las distintas plantaciones. El periódico *Mediapart,* entre varios otros, recogió esa información[2].

El grupo Bolloré había reconocido parcialmente esas acusaciones ante el Punto Nacional de Contacto (PCN) de la Organización para la Cooperación y el Desarrollo Económico (OCDE), pero tras la denuncia de Sherpa y otras ONG, y debido a su repercusión mediática, el grupo consideró que el término «acaparamiento de tierras» era difamatorio e inició un proceso legal.

La información que había sido recogida por varios medios motivó nuevas investigaciones y France 2 editó una «investigación adicional» dedicada a los problemas de los residentes y trabajadores de Socapalm –subsidiaria de SOCFIN, el cual a su vez es mayoritariamente propiedad del grupo Bolloré– en Camerún. Vincent Bolloré reclamó a France TV 50 millones de euros de reparación.

En la víspera de la audiencia, celebrada el 26 de enero de 2018, en la que debían comparecer Sherpa, ReAct, *Mediapart* y una treintena de medios de comunicación, personalidades y organizaciones (*Info,* France 2, *Bastamag, Le Monde, Les Inrocks, Libération, Mediapart, L'Obs, Le Point, Rue 89*, Greenpeace, entre ellos), más de 50 periodistas, abogados, fotógrafos, responsables de ONG y directores de medios de comunicación publicaron de forma conjunta una columna para denunciar este fenómeno y elaboraron una lista de más de 20 procesamientos repetidos iniciados por el grupo Bolloré.

Los abogados de las ONG, Jacques Englebert y Pierre Hurt, insisten en que «las ONG atacadas desempeñan un papel esencial como defensoras de los derechos fundamentales. Son «guardianes de la democracia» y, por lo tanto, sus expresiones gozan

---

2 [https://www.fian.org/es/press-release/articulo/nueva-slapp-del-grupo-agro-industrial-socfin-2258] y [https://blogs.mediapart.fr/la-redaction-de-mediapart/blog/300318/poursuites-baillons-sherpa-react-mediapart-le-point-et-l-obs-relaxes].

de una protección especial, en particular en el marco del Convenio Europeo de Derechos Humanos. Su libertad de expresión debe ser protegida a toda costa. En efecto, esta constituye uno de los fundamentos esenciales de una sociedad democrática y una de las condiciones esenciales para su progreso y desarrollo.

EL VIEJO TRUCO DE LA DEFENSA NACIONAL

La tarde del miércoles 20 de septiembre de 2023 centenares de periodistas se concentraron en la plaza de la République de París. Los habían convocado todos los sindicatos de periodistas de Francia para protestar por la detención policial de la colega Ariane Lavrilleux a las seis de la mañana del día anterior en su domicilio. La asociación Prenons la Une, que lucha por el trato igualitario de las periodistas en las redacciones y de la cual Lavrilleux es secretaria general, y el colectivo de periodistas Presse Papiers, del que ella es miembro, también organizaron una manifestación de apoyo a su colega en Marsella.

El domicilio de la periodista fue registrado durante diez horas por la Dirección General de Seguridad Interior, agentes de policía y un juez de instrucción, tras lo cual condujeron a Lavrilleux a la comisaría de policía de Marsella al final del día y le permitieron estar acompañada por su abogado.

Según el medio *Disclose*, para el que trabaja la periodista, la detención estaba motivada por la denuncia de que se estaba realizando una investigación que podía «comprometer secretos de la defensa nacional y revelar información que podría conducir a la identificación de un agente protegido».

Ariane Lavrilleux había producido en noviembre de 2021 serie televisiva *Egypt Papers*, que reveló aspectos ocultos de la operación Sirli francesa, iniciada en Egipto por la Dirección de Inteligencia Militar en nombre de la lucha contra el terrorismo. Esta misión fue supuestamente realizada por el Estado egipcio para llevar a cabo ataques aéreos contra vehículos de presuntos contrabandistas, lo que *Disclose* describe como «crímenes de

Estado»³ y en los que estuvo implicado personal de las fuerzas francesas.

«El objetivo de este nuevo episodio de intimidación inaceptable contra los periodistas de *Disclose* es claro: identificar nuestras fuentes que permitieron revelar la operación militar Sirli en Egipto», denunció la publicación en un comunicado de prensa. Los sindicatos de periodistas denunciaron que la detención prolongada de la periodista tenía como fin que ella ayudara a identificar las fuentes de las investigaciones que la llevaron a revelar, en noviembre de 2021, una serie de ejecuciones arbitrarias hechas por la dictadura egipcia del mariscal Al-Sisi, con la complicidad del Estado francés. Se la investiga desde julio de 2022 «por comprometer secretos de la defensa nacional» y, por otro lado, revelar información que podría conducir a la identificación de un agente protegido. El Ministerio de las Fuerzas Armadas francés presentó esa denuncia y tanto la periodista como la empresa fueron citadas ante la Dirección General de Seguridad Interior (DGSI) en diciembre de 2022, tras ese programa en que se divulgaba información sobre contratos entre el ejército y empresas privadas.

Los sindicatos de periodistas SNJ, SNJ-CGT, CFDT-Journalistes y SGJ-FO denunciaron este ataque sin precedentes a la confidencialidad de las fuentes de los periodistas, y reclamaron protección para la libertad de informar y ser informado que es «piedra angular de la profesión periodística»⁴.

CONDENAN A PRISIÓN A UNA PERIODISTA BRASILEÑA POR
INVESTIGAR CORRUPCIÓN JUDICIAL

Schirlei Alves, periodista independiente del medio *The Intercept Brasil*, fue condenada en noviembre de 2023 por la jueza Andrea Cristina Rodrigues Studer por los delitos de «calumnias

³ [https://egypt-papers.disclose.ngo/en/].
⁴ [https://snjcgt.fr/2023/09/19/arrestation-dariane-lavrilleux-une-grave-atteinte-aux-sources-journalistiques/].

e injurias» contra el juez Rudson Marcos y el fiscal Thiago Carriço de Oliveira, a quienes deberá indemnizar con 40.000 dólares a cada uno por haber revelado mediante una investigación periodística el maltrato a una víctima de violación por parte de funcionarios de la justicia.

Alves, en un artículo para *The Intercept Brasil*, demostró que durante el juicio de violación a la modelo e *influencer* Mariana Ferrer, tanto el juez como el fiscal humillaron y violentaron a la víctima. Mediante distintos vídeos, la periodista mostró que no sólo resultaba escandalosa la absolución del acusado de violación, André de Camargo Aranha, sino que esa medida fue adoptada mediante una figura legal inexistente en el Código Penal de Brasil. Además de alegar que la revictimización de Ferrer había vulnerado su derecho a un trato digno por parte de la justicia.

La difusión de ese material audiovisual trajo como inmediata consecuencia la sanción de la Ley 14.245, que protege a víctimas y testigos en el marco de juicios por delitos de carácter sexual y el castigo al juez Rudson Marcos por parte del Consejo Nacional de Justicia por «negligencia» en el cumplimiento de sus funciones. Sin embargo, los miembros del poder judicial brasileño no estaban dispuestos a aceptar sin más los resultados de esta decisión de sus pares e iniciaron un procedimiento de demanda contra la periodista por «calumnias e injurias» que resultó en un fallo insólito favorable a los demandantes.

La Federação Nacional dos Jornalistas (FENAJ) junto con más de 30 organizaciones se pronunciaron en repudio de la decisión de la jueza Andrea Cristina Rodrigues Studer, «que ataca las libertades de prensa y expresión». Asimismo, difundieron un comunicado donde expresan:

> El intento de silenciar a Schirlei Alves, que ya había sido perseguida desde la publicación del informe y su repercusión, es un ataque violento a la libertad de prensa, al ejercicio profesional del periodismo y a la democracia, y merece nuestro más vehemente repudio. También vemos un preocupante sesgo misógino en el poder judicial al condenar a una mujer por denunciar violencia contra otra mujer.

En el mismo documento convocan a profesionales de prensa y a movimientos sindicales y sociales a sumarse en defensa de esos derechos vulnerados, así como para exigir la anulación de la condena. La Federación Internacional de Periodistas (FIP) se sumó al criterio de su afiliada brasileña y entendió que el fallo «busca disciplinar el trabajo periodístico y la voz de las mujeres que luchan por derribar la violencia de género en las instituciones de poder». «El caso de Alves demuestra cómo desde el trabajo periodístico exhaustivo y con información veraz, la población ejerce su derecho de exigir los cambios necesarios para una vida más justa y libre de violencia de género», ha señalado[5].

Por último, destacar que la red latinoamericana Voces del Sur, que agrupa a numerosas organizaciones de la sociedad civil para defender la libertad de expresión, el acceso a la información y a los profesionales de la prensa, también se pronunció a favor de Alves.

EXIGEN DIEZ MILLONES DE DÓLARES A *DIARIO DE HOY* Y AL PERIODISTA JORGE BELTRÁN LUNA

Yakov Fauster, titular de empresas de seguridad y considerado un personaje turbio que se dedica a la venta de sistemas de espionaje, demandó en enero de 2023 al medio salvadoreño *Diario de Hoy* y al periodista Jorge Beltrán Luna y les reclamó cinco millones de dólares de indemnización a cada uno de los demandados por haberlo difamado.

La supuesta difamación tendría su origen en la publicación de un artículo de investigación ya difundido por el periódico mexicano *Proceso*, titulado «México, paraíso de las empresas israelíes de ciberespionaje». En este trabajo se señala que Fauster controla la empresa Universal Security Group, con sedes en Tijuana y en Guadalajara, y que su exsocia, Estefanía Plascencia Ponce, una ex agente de la policía comercial de Tijuana, recono-

---

[5] [https://www.ifj.org/media-centre/news/detail/category/press-releases/article/brasil-condenan-a-prision-a-una-periodista-por-investigar-corrupcion-judicial].

ció en Estados Unidos haber lavado más de 78.000 millones de dólares del narcotráfico del Cártel de Sinaloa (México).

Esa información tiene interés público en El Salvador ya que Fauster tiene sólidas relaciones con el Gobierno de Nayib Bukele y es padrastro de Peter Dumas, director del Organismo de Inteligencia del Estado (OIE). No olvidemos que el Gobierno salvadoreño ha utilizado la herramienta Pegasus para espiar a periodistas, defensores de derechos humanos y figuras políticas, según reveló el Citizen Lab en 2022. Este *spyware* ha sido desarrollado por la empresa israelí NSO Group Technologies, creada por ex miembros del cuerpo de inteligencia israelí. Yakov Fauster es de origen israelí.

La Asociación de Periodistas de El Salvador (APES) se puso a disposición para el patrocinio legal de sus colegas, mientras que la FIP la acompaña en esas acciones al tiempo que alerta sobre esta SLAPP, «que busca silenciar la tarea de la prensa, vulnerando el derecho a la información de la población».

El proceso jurídico fue iniciado en enero de 2022, atravesó distintas instancias donde Fauster obtuvo dos fallos favorables. El primero obligó al medio a otorgar al empresario el ejercicio de su derecho a réplica; el diario aclaró que el artículo no había sido elaborado por ellos y que contactó con Yakov Fauster para que diera su versión de los hechos sin conseguirlo. En la segunda instancia el empresario argumentó no haber recibido una disculpa pública y el fallo forzó al medio a publicar un nuevo derecho a réplica que no incluyera aclaraciones por parte del diario; lo que hizo. Se pensó que esto cerraba el litigio. Sin embargo, en junio de 2023, los demandados fueron intimados a indemnizar con la cifra mencionada a Yakov Fauster en concepto de «daños morales». La demanda es patrocinada por Jacqueline Aquino Palacios, que es apoderada legal del empresario y que también representó al presidente Nayib Bukele.

El relator de Libertad de Expresión de la APES, Gabriel Labrador, condenó la demanda contra el medio y el periodista: «Por las relaciones con funcionarios que guarda este caso, es que hemos decidido acuerpar al medio y al periodista. Sabemos que estamos en un contexto donde la independencia de poderes no está plenamente garantizada. La ley prohíbe que se procesen a periodistas por las publicaciones que hagan. Este caso no debería existir». APES además difundió un comunicado donde señala que el art. 2 de la Ley de Reparación por Daño Moral exime a «los juicios desfavorables expresados o difundidos por quienes ejerzan el periodismo».

Por otro lado, la Sociedad Interamericana de Prensa (SIP) exhortó «a los tribunales de El Salvador a considerar la jurisprudencia de la Corte Interamericana de Derechos Humanos de 2004 en el caso Mauricio Herrera Ulloa *vs.* Costa Rica, que exime de responsabilidad a los medios por publicar contenidos de otros medios, reprobando una condena por difamación que vulneraba el derecho a la libertad de expresión».

La SIP calificó esta demanda como un «acto de intimidación» y lamentó que se incumplan los estándares interamericanos que protegen la libertad de prensa. El presidente de la Comisión de Libertad de Prensa e Información, Carlos Jornet, indicó que estas acciones tienen «la intención de amedrentar y buscar el efecto de la autocensura». El Juzgado Primero de lo Civil de San Salvador programó para el 21 de febrero de 2024 «la audiencia probatoria y se emitirá resolución»[6].

SAMLING PLYWOOD DEMANDA A ECOLOGISTAS MALAYOS POR DEFENDER SUS RÍOS Y BOSQUES

El 21 de junio de 2021, la empresa maderera Samling Plywood presentó una demanda por difamación contra SAVE Rivers y sus directores por publicar declaraciones supuestamente denigrantes de la empresa. SAVE Rivers es una organización sin ánimo de lucro de Malasia que ayuda a las comunidades indígenas rurales a proteger sus tierras, ríos y cuencas hidrográficas[7].

---

6 [https://apes.org.sv/la-apes-advierte-sobre-el-avance-de-la-demanda-de-10-millones-de-dolares-contra-el-periodico-el-diario-de-hoy-y-el-periodista-jorge-beltran-luna/].

7 [https://www.business-humanrights.org/es/de-nosotros/informes/acciones-judiciales-abusivas-uso-empresarial-de-slapps-para-silenciar-a-las-voces-cr%C3%ADticas/].

La empresa pedía una disculpa y que una orden judicial impidiera a SAVE Rivers informar sobre las reclamaciones de la comunidad, además de cinco millones de RM (alrededor de un millón de dólares estadounidenses) en concepto de daños y perjuicios. SAVE Rivers alegaba que la concesión maderera fue otorgada a Samling aunque esta no había obtenido el consentimiento libre, previo e informado de las comunidades indígenas de la zona. Una coalición de organizaciones locales e internacionales, entre ellas Bruno Manser Fund y The Borneo Project, solicitan a Samling que retire esa demanda.

En agosto de 2021, la administración de justicia solicitó a Samling una explicación de su demanda y la empresa declaró que con ella pretendía evitar la difusión de ideas incorrectas y negativas sobre la empresa y que no se trataba de un intento de impedir o dificultar la participación pública en el proceso de certificación.

En su respuesta de descargo, SAVE Rivers señalaba la falta de transparencia de Samling, su desprecio por las iniciativas de conservación forestal dirigidas por la población indígena. En junio de 2022, las comunidades locales penan consiguieron impedir que Samling talara árboles en una zona de conservación cercana.

El caso del hermano de Mauricio Macri

En 2020, al año siguiente de que Mauricio Macri terminara su mandato como presidente de la República Argentina, el periodista Santiago O'Donnell publicó su libro *Hermano*, basado en una larga entrevista con Mariano Macri, hermano menor del expresidente. Este detalló al periodista intimidades de la vida familiar de los Macri y habló del supuesto maltrato y del sistema de chantaje y estafas que había primado en la familia; en líneas generales, no dejaba dudas sobre la escasa calidad ética de su hermano. Son 18 horas de grabaciones realizadas entre enero y agosto de 2020.

Santiago O'Donnell, que ya había adquirido prestigio por sus investigaciones en los casos de WikiLeaks y los papeles de Panamá, supo indagar a fondo en la truculenta aventura de los Macri, y era casi anunciado que *alguien* trataría que ese libro no saliera a la calle, como sucedió sin que llegara a impedirlo[8].

Fue en diciembre de 2020 cuando el hermano del expresidente Mauricio Macri interpuso un planteo ante el Juzgado Nacional de Primera Instancia en lo Civil N.º 6, en el que solicitaba las grabaciones de las entrevistas que le había hecho O'Donnell como diligencia preliminar para poder iniciar luego una demanda civil al periodista por daños y perjuicios.

Lo que pocos podían prever era que la jueza del caso, Andrea Imatz, accediera a esa petición, y que en febrero de 2021 determinara que O'Donnell debía entregar las cintas reclamadas por el hermano del exmandatario. Más insólito aún resultan los fundamentos de la sentencia, ya que se dicta con el argumento de que se trata de una medida preliminar destinada a «brindar certeza» para la preparación de un ulterior juicio contra el periodista. O'Donnell, que nunca fue notificado de que existía una causa en tal sentido, fue intimidado a entregar las grabaciones en un plazo de cinco días con la advertencia de que de no hacerlo, debería pagar una cuantiosa multa por cada día de incumplimiento.

Aunque el periodista admite que Mariano Macri le había enviado dos cartas documento al periódico en que trabajaba:

> Una, diciéndome que no podía publicar el libro porque estaba hecho sobre la base de conversaciones que tuvo conmigo en la intimidad. Después me mandó una segunda carta documento en la que agregó que, además, le entregara todas las grabaciones. Le contesté a las cartas aclarándole, primero, que no soy amigo de él; segundo, que soy periodista, y tercero, que lo tengo grabado a él diciendo que yo soy el periodista, que él es

---

8 [https://www.pagina12.com.ar/322396-el-libro-sobre-mauricio-macri-y-un-peligroso-fallo-contra-la] y [https://www.telam.com.ar/notas/202202/583871-corte-suprema-odonnell-grabaciones-entrevista-mariano-macri-fallo.html].

el entrevistado, que esa va a ser nuestra relación y que voy a tener el control total del material como periodista. Lo acordamos, así como establecimos que no iba a haber ningún *ghostwriter*.

Y agregó O'Donnell:

> Las dos veces que hablé con él le dije que para continuar con el libro todo lo que él dijera tenía que ser *on the record*, porque no había manera de hacerlo *off the record* o escondiendo que se trataba de sus declaraciones. Y él me mandó un mail reconociendo que toda la entrevista era *on the record*.

El Foro de Periodismo Argentino (FOPEA) ha dicho que esa resolución «pone en riesgo la garantía constitucional de protección del secreto de las fuentes informativas» y «va a contramano de la jurisprudencia nacional e internacional».

El catedrático Damián Loreti, que representó a O'Donnell en la apelación del fallo, declaró: «La jueza argumentó que Santiago debe entregar las grabaciones porque, según su criterio, en este caso no hay un problema de reserva de la fuente periodística debido a que la grabación sólo registra a Mariano Macri y a él, pero el secreto periodístico no está restringido a la identidad de las fuentes, también hay un tema de alcance del secreto periodístico. Y este es el caso», explicó Loreti, aludiendo a que en las grabaciones hay información que no fue publicada en el libro, así como consideraciones personales que hizo el autor en el marco de las entrevistas. Además, el abogado planteó lo siguiente en el escrito de apelación:

> Por otra parte, hay una ley de la Ciudad de Buenos Aires [...] que establece la prohibición de exigirle a los periodistas la entrega de materiales no publicados, o relacionados con investigaciones en curso, como en este caso. Finalmente, la Corte Interamericana dice que a los comunicadores no se les puede requerir notas, apuntes o el soporte donde tengan registrado el material de sus notas. En conclusión, la jueza no reconoce la

jurisprudencia argentina, ni las leyes locales ni el sistema interamericano.

La jueza parece no haber mensurado que está ordenando judicialmente a un periodista que entregue parte del material producto de su esencial labor, para que tenga además pleno acceso a él la persona que intentó extrajudicial y judicialmente, en dos instancias, impedir la publicación. No hay antecedentes de exigencias así contra profesionales ni medios de comunicación social ni en el derecho nacional ni en el comparado sujeto a la Convención Americana.

La defensa de O'Donnell decidió llevar el caso ante la Relatoría Especial de Libertad de Expresión de la Comisión Interamericana de Derechos Humanos y denunciar el fallo como una «medida claramente inconstitucional, violatoria del derecho a la libertad de expresión y el derecho a la preservación de las fuentes».

El caso se dilató hasta febrero de 2022, cuando el Tribunal Supremo de Justicia argentino finalmente declaró «formalmente procedente el recurso de queja» y dispuso «la suspensión del procedimiento de ejecución» que imponía a O'Donnell entregar las grabaciones. «Los argumentos expresados en el recurso extraordinario y mantenidos en la queja podrían, *prima facie,* involucrar cuestiones de orden federal y eventualmente la decisión recurrida podría generar un perjuicio de imposible reparación ulterior, por lo que la queja es procedente, sin que esto implique pronunciamiento sobre el fondo del asunto», señalaron los jueces del Tribunal en su fallo.

LUXLEAKS: CUANDO EL GRAN DUCADO PUSO UNA ALFOMBRA ROJA A LAS SLAPP

El 19 de abril de 2023 el Tribunal Europeo de Derechos Humanos (TEDH) formuló un fallo contra Luxemburgo por haber violado el derecho a la libertad de expresión de Raphaël Halet, quien había sido condenado por los tribunales del Gran Ducado por haber difundido documentos que demostraban la existencia de casos de evasión fiscal estructurados por la consultora PriceWaterhouseCoopers (PwC), para la cual Halet trabajaba.

La filtración, que se inició en 2012, ha sido conocida como LuxLeaks y se ha convertido en el caso emblemático de los informadores (*whistleblower*). Según señala el TEDH, «el Tribunal ha considerado que el interés público en la divulgación de esa información superaba todos los efectos perjudiciales derivados de ella», y concluye que la injerencia en el derecho a la libertad de expresión del acusado, en particular su libertad de impartir información, no habría sido «necesaria en una sociedad democrática».

El TEDH ha estimado que Luxemburgo ha violado el artículo 10 del Convenio Europeo de Derechos Humanos, que recoge el derecho a la libertad de expresión; es decir, que entiende que la divulgación a los medios de comunicación de información empresarial, aunque hubiera un compromiso de confidencialidad, puede quedar protegida por el derecho a la libertad de expresión del trabajador.

Tras la publicación de la Ley 2/2023 de 20 de febrero de 2023 de Protección de Informantes[9], sentencias como esta adquieren especial valor para definir los límites de la libertad de expresión de los trabajadores. Los documentos confidenciales filtrados por Halet estaban protegidos por el secreto profesional y comprendían declaraciones de impuestos de empresas multinacionales y acuerdos tributarios que demostraban la existencia de estructuras financieras que, aunque tenían visos de legalidad, propiciaban que numerosas de esas empresas no pagaran millones de euros al fisco. Además, estas filtraciones demostraban la colaboración entre las autoridades de Luxemburgo y PwC, que actuaba en nombre de esas multinacionales consiguiéndoles una fiscalidad ventajosa entre 2002 y 2012.

Una investigación interna de la compañía estableció que en 2010, justo antes de dejar la firma tras su dimisión, el auditor Antoine Deltour había copiado 45.000 páginas de documentos

---

[9] [https://www.tendencias.kpmg.es/2023/04/implicaciones-proteccion-datos-personales-ley-informante/].

confidenciales, incluyendo 20.000 páginas de documentos correspondientes a 538 resoluciones fiscales, los cuales fueron filtrados a un periodista. Una segunda investigación interna de PwC reveló que en mayo de 2012, tras las publicaciones de los medios de algunas de las resoluciones fiscales copiadas por Deltour, Raphaël Halet se puso en contacto con el mismo periodista y le ofreció más documentos. Algunos de ellos fueron utilizados por reporteros del programa *Cash Investigation* de la televisión francesa, que fue transmitido en junio de 2013.

En noviembre de 2014, los documentos también fueron publicados en línea por el Consorcio Internacional de Periodistas de Investigación (ICIJ)[10]. PwC denunció tanto a Halet como a Deltour, y los tribunales de Luxemburgo condenaron inicialmente a ambos, pero luego retiraron los cargos contra Antoine Deltour porque los jueces lo consideraron como un informador (*whistleblower*) y que, por lo tanto, estaba protegido contra esa denuncia. Raphaël Halet, en cambio, fue condenado a pagar una multa de 1.000 euros (y un euro simbólico por los perjuicios causados a la consultora PwC). El condenado recurrió el fallo ante el TEDH, que a su vez, en un primer momento, apoyó el fallo de los tribunales luxemburgueses, lo que corrigió en abril de 2023 cuando estableció que Luxemburgo debía resarcir a Halet con una indemnización total de 55.000 euros; 15.000 por los daños morales y 40.000 para cubrir sus gastos[11].

«En México es más peligroso investigar un crimen que cometerlo»

El caso de las masacres de San Fernando se convierte en el caso de sus investigadoras.

[10] [https://www.icij.org/investigations/luxembourg-leaks/new-leak-reveals-luxembourg-tax-deals-disney-koch-brothers-empire/].

[11] [https://www.economistjurist.es/actualidad-juridica/luxemburgo-condenado-a-indemnizar-a-uno-de-los-informantes-del-caso-luxleaks/] y [https://www.eldiario.es/tecnologia/antoine-deltour-filtrador-luxleaks-whistleblowers_1_2071592.html].

La conocida como «segunda masacre de San Fernando» fue el asesinato masivo e indiscriminado de casi 200 personas que viajaban en autobuses y que luego serían encontradas en fosas clandestinas en ese mismo municipio de San Fernando, en el norteño estado mexicano de Tamaulipas. Esto ocurrió en 2011 y algunos investigadores afirman que en idénticas circunstancias y el mismo lugar pueden haberse producido más de 500 asesinatos. Todas las miradas han estado dirigidas desde entonces a miembros del Gobierno estatal de Tamaulipas y han puesto el foco en distintos funcionarios del mismo como cómplices o implicados en esos sucesos.

Es lógico que tamaña barbaridad sea investigada y conocida a pesar de los esfuerzos de la administración mexicana por ocultar lo inocultable. Algunas de las personas preocupadas por que se haga justicia sobre este hecho tremendo son la abogada Ana Lorena Delgadillo Pérez, la periodista Marcela Turati Muñoz y la antropóloga forense Mercedes Doretti, que no sólo han carecido y carecen de toda colaboración de las autoridades locales y estatales, sino que son perseguidas por la justicia por su trabajo de investigación de los crímenes de San Fernando.

Amnistía Internacional (AI), en un informe publicado el 21 de mayo de 2024 (*Perseguidas: criminalización de mujeres defensoras de derechos humanos en México*), denuncia que las autoridades de México «utilizan el sistema de justicia penal para investigar y espiar a estas mujeres defensoras de los derechos humanos»[12].

Edith Olivares Ferreto, directora ejecutiva de AI México, al presentar ese informe ha señalado que «desde Amnistía Internacional hemos advertido con alarma y en diversas ocasiones que en México vivimos una grave crisis de derechos humanos». Y agregó que, «en este contexto, el caso de Ana Lorena, Marcela y Mercedes es emblemático por la forma en que el Estado mexicano usa el sistema penal de manera arbitraria para perseguir a las personas defensoras, amedrentarlas y criminalizarlas». Las tres «fueron

---

[12] [https://ipsnoticias.net/2024/05/ai-acusa-a-mexico-de-espiar-a-defensoras-de-derechos-humanos/].

sujetas a una investigación indebida y a espionaje por parte del Estado mexicano por los presuntos delitos de delincuencia organizada y secuestro», según AI, que agrega que la intervención de las autoridades se dio sin que contaran con evidencias suficientes que mostraran la relación de las tres defensoras con alguno de los delitos referidos. Ana Lorena Delgadillo Pérez es fundadora de la ONG Fundación para la Justicia en México e integra el Grupo de Trabajo sobre Desapariciones Forzadas o Involuntarias en el Consejo de Derechos Humanos de Naciones Unidas. Marcela Turati, del medio digital *A dónde van los desaparecidos*, es autora del libro *San Fernando, última parada*, sobre los secuestros en esa pequeña ciudad del nororiental estado de Tamaulipas. Y Mercedes Doretti es una antropóloga forense argentina, integrante del equipo investigador de la desaparición de 43 estudiantes normalistas, la noche del 26 al 27 de septiembre de 2014, en Ayotzinapa, en el sudoccidental estado de Guerrero.

El informe de AI consigna: la investigación y el espionaje ocurrieron cuando las defensoras trabajaban, desde sus distintas disciplinas, para esclarecer las masacres de personas de diversas nacionalidades halladas en agosto de 2010 y abril de 2011 en la ciudad de San Fernando. Aunque la investigación y el espionaje datan de 2016, a la fecha no hay progresos destacables. Las pesquisas estuvieron a cargo de la Subprocuraduría Especializada en Investigación de Delincuencia Organizada, una dependencia de la Procuraduría (ahora Fiscalía) General de la República.

Esa incertidumbre, que se mantiene desde hace ocho años, «ha puesto a las tres defensoras de derechos humanos en una situación de indefensión, pues existe la amenaza de que continúe el uso indebido del sistema de justicia y sean investigadas sin que se garanticen las normas básicas del debido proceso», según AI.

«Con estas acciones persecutorias, las autoridades mexicanas generan temor no sólo a las tres mujeres defensoras, sino también a otras personas defensoras de derechos humanos que están en todo su derecho de contribuir con su trabajo a la vigencia de los mismos», sostuvo Olivares Ferreto.

El informe insiste en señalar que en México «se ha instaurado la práctica de usar el sistema penal de manera arbitraria contra personas que denuncian violaciones a derechos humanos, que las investigan y que acompañan a las víctimas de esas violaciones en su búsqueda de justicia, verdad y reparación integral del daño».

En sus conclusiones, AI recomienda «detener cualquier investigación, espionaje e intento de acción penal arbitraria en contra de Ana Lorena Delgadillo Pérez, Marcela Turati Muñoz y Mercedes Doretti».

Asimismo, AI insta a frenar los mensajes y acciones que criminalicen y desacrediten el trabajo de defensa de derechos humanos, periodístico y forense de estas tres personas y de las organizaciones y redes de las que son parte.

Por último, pide una disculpa pública por el espionaje y realizar una reparación integral por el daño ocasionado a las víctimas, incluyendo claras garantías de no repetición para otras personas defensoras, peritos independientes y periodistas.

LA JUSTICIA BRASILEÑA DEBIÓ LEGISLAR PARA PROTEGER A PERIODISTAS[13]

El 22 de mayo de 2024 el Tribunal Supremo de Brasil (STF) reconoció por unanimidad el acoso judicial a periodistas y medios de comunicación, al considerar que este existe cuando se interponen numerosas demandas sobre el mismo tema en diferentes partes del país con la intención de intimidarlos, silenciarlos y hacer difícil su defensa.

El Supremo brasileño establece que, una vez que una acción legal es reconocida como un caso de acoso judicial que compromete la libertad de expresión, el acusado puede solicitar que todas las demandas se agreguen en una sola y se juzguen dentro de la ciudad de residencia del acusado. También dictaminó que los periodistas y medios de comunicación sólo pueden ser de-

---

[13] [https://cpj.org/2024/05/brazils-top-court-acts-to-protect-journalists-from-judicial-harassment/].

clarados responsables en casos civiles donde existan pruebas «inequívocas» de dolo o negligencia profesional grave en la investigación de los hechos.

«Al reconocer el acoso judicial a periodistas y establecer procedimientos para obstaculizar múltiples demandas encaminadas a censurar los medios, la STF está dando un paso importante para garantizar la libertad de prensa en el país», afirmó Cristina Zahar, coordinadora del programa de la Comisión para la Protección de Periodistas (CPJ) en América Latina, y agregó que su organización «espera que esta reforma garantice que los periodistas puedan realizar su trabajo sin temor a represalias legales».

El fallo judicial se tomó en respuesta a dos denuncias distintas de grupos locales de libertad de prensa, la Asociación Brasileña de Prensa (ABI) y la Asociación Brasileña de Periodismo de Investigación (Abraji), que fueron presentadas en 2021.

Taís Gasparian, uno de los principales expertos legales en libertad de prensa de Brasil, que fue quien presentó la demanda de Abraji ante la CPJ, dijo que algunos periodistas y medios de comunicación se enfrentaban a cientos de demandas separadas. «Esta avalancha de litigios puede volverse rápidamente onerosa desde el punto de vista financiero y consumir mucho tiempo para los periodistas, ya que deben viajar a múltiples ciudades, a menudo remotas, para defenderse», declaró al CPJ.

«El Tribunal ha reconocido la primacía de la libertad de expresión sobre otros derechos civiles», dijo, comparando el fallo con la decisión de la Corte Suprema de 2009 de derogar la represiva Ley de Prensa de 1967, que imponía duras sanciones a los partidos liberales y las calumnias.

Aunque la libertad de prensa ha mejorado desde el fin de las dos décadas de dictadura militar en 1985, no es raro que los jueces en Brasil censuren informes o emprendan acciones legales contra periodistas. Por ejemplo, en el caso de acoso judicial a Elvira Lobato, reportera del diario nacional *Folha de S. Paulo*, del que hablaremos más adelante.

A raíz de aquel suceso, Lobato explicaría al CPJ que «la decisión del STF elimina una espada que ha pendido sobre los periodistas y la libertad de prensa durante muchos años. Las demandas orquestadas y simultáneas, presentadas en lugares remotos para encarecer la defensa, son injustas para los periodistas y una amenaza a la democracia».

Los antecedentes

Las compensaciones que se piden, sostuvieron tanto la ABI como el STF, interrumpen o dañan gravemente el funcionamiento de las organizaciones de prensa y amenazan el sustento de los profesionales de la comunicación. Para la ABI, los periodistas y medios de prensa, cuando publican de buena fe artículos sobre casos de corrupción o actos de improbidad que no han sido sujetos a prueba definitiva, no deben correr el riesgo de represalias mediante la interposición de acciones civiles. Sólo la difusión intencionada o gravemente negligente de noticias falsas puede legitimar las condenas, señala.

La asociación solicitaba el otorgamiento del amparo para que, hasta la sentencia definitiva de la acción, se puedan suspender los procesos iniciados para promover la responsabilidad civil de periodistas y organizaciones de prensa, así como la ejecución de las sentencias condenatorias ya dictadas. En cuanto al fondo, exigía la interpretación, de conformidad con la Constitución Federal (CF), de las disposiciones del Código Civil y del Código de Procedimiento Civil con el objetivo de prevenir el uso abusivo de las acciones de reparación de daños[14].

El abogado Taís Gasparian ya nombrado, del despacho RBMDFG y que representaba a la organización ciudadana Abrazando Causas, afirmó lo siguiente:

Brasil luchó duramente para que se democratizara el acceso a la justicia, y Abraji no pretende de ninguna manera reducir ese acceso. Lo que se pretende es una orden que estipule que,

---

[14] [https://abraji.org.br/noticias/abraji-vai-ao-stf-contra-assedio-judicial-a-jornalistas].

en caso de abuso del derecho a la acción, se inicien los procesos juntos y que se tramitan ante el tribunal del domicilio del imputado, por lo que, como el abuso no se puede evitar, al menos debería facilitar a quienes son acosados la gestión de su defensa.

Por su parte, Marcelo Träsel, presidente de la Abraji en el momento de la presentación de la demanda, esperaba que la normativa dictada impidiese la restricción de la libertad de prensa:

> Las represalias contra el periodismo de investigación por medios judiciales se han vuelto cada vez más frecuentes en Brasil y, lamentablemente, un instrumento de promoción de la democracia y el Estado de derecho se ha convertido en un arma para que personas involucradas en algún tipo de infracción o delito busquen ocultar sus actividades del público. Muchas organizaciones y personas, aunque cuentan con medios económicos para acceder a la justicia común, prefieren este tipo de tribunales, porque les permite desestabilizar la vida cotidiana de sus objetivos y lograr el verdadero objetivo de las acciones, que no es demostrar razón o reparar daños, sino intimidar a los periodistas.

EL CASO ELVIRA LOBATO

El uso de las demandas ante los tribunales como herramienta de acoso judicial a periodistas ha sido cada vez más frecuente en Brasil. Uno de los primeros y más famosos casos ocurrió en 2008 y tuvo como objetivo a la periodista Elvira Lobato, entonces trabajadora del diario *Folha de S. Paulo*. Lobato afrontó, tras publicar un informe sobre la Iglesia Universal, más de 100 demandas interpuestas por personas vinculadas a la Iglesia casi simultáneamente, revelando características de un ataque orquestado. Según la reportera, la Iglesia utilizó una empresa en un paraíso fiscal para canalizar los aportes monetarios de sus seguidores a más de una docena de sus negocios. Tras el artículo, miembros individuales de la Iglesia comenzaron a demandar a Lobato por «ofender su fe».

En apenas unas semanas, la periodista se encontró ante decenas de citaciones para asistir a audiencias de conciliación en ciudades muy alejadas de las capitales de los estados brasileños. En el caso de los Juzgados Civiles Especiales (JEC), la incomparecencia del demandado constituye rebeldía, es decir, los casos pueden ser juzgados sin que se escuche la versión de la defensa.

En 2020, el escritor João Paulo Cuenca, quien denuncia con frecuencia la corrupción y la violencia del Estado contra las poblaciones negras en Brasil, fue objeto de más de 150 demandas de distintas Iglesias evangélicas al tiempo que se orquestaban protestas simultáneas en distintas ciudades, debido a un tuit que parodiaba una frase histórica atribuida tanto a Voltaire como a Denis Diderot: «El último rey debería ser estrangulado con las entrañas del último sacerdote».

La versión de Cuenca fue inspirada por los millones de dólares que el Gobierno de Jair Bolsonaro había gastado en anuncios en los medios audiovisuales de sus aliados de la Iglesia Universal del Reino de Dios. «Los brasileños nunca serán libres hasta que el último Bolsonaro sea estrangulado con las entrañas del último pastor de la Iglesia Universal», escribió en su tuit.

Taís Gasparian, quien defendió a Elvira Lobato, desde ese momento trabajó en la búsqueda de alternativas para evitar que se instrumentalice el poder judicial contra la libertad de expresión. «No existe remedio legal para enfrentar el acoso judicial. Es necesario que el STF se pronuncie sobre esta cuestión para mitigar el daño a quienes son agredidos», dijo el abogado. Gasparian también destaca que la demanda presentada por Abraji no pretende restringir el derecho de acción, uno de los pilares del Estado democrático y un derecho humano.

La estructura de los JEC, que fue diseñada para facilitar el acceso a la justicia y equilibrar las desigualdades jurídicas y procesales en casos menos complejos, es muy utilizada para demandas de consumidores contra grandes empresas y corporaciones, lo que justifica facilidades como la posibilidad de interponer demandas en la ciudad de su residencia, la no obligación de abogado y la gratuidad de las mismas.

El acoso judicial, incluso utilizando estos instrumentos legítimos, «invierte salvajemente los principios éticos y jurídicos para sabotear deliberadamente la implementación de la justicia y obstruir los ideales democráticos», afirma Eugênio Bucci, periodista y profesor, en un dictamen adjunto a la demanda interpuesta por la Abraji. Bucci añade que el propósito de estas acciones no es buscar justicia, sino más bien «secuestrar las energías del sistema de justicia para perseguir a personas que se dedican a determinar la verdad fáctica, tan indispensable para la política civilizada»[15].

LAS SLAPP DEL MAGNATE ELON MUSK CONTRA MEDIA MATTERS

Media Matters for America (MMfA) es una ONG sin fines de lucro que se define como vigilante de la información periodística y que trabaja mediante el monitoreo a periodistas y medios en busca de afirmaciones conservadoras engañosas para luego señalárselas al público. Fue fundada en 2004 por el periodista y activista político David Brock como una forma de respuesta al monitoreo por parte de los medios del grupo conservador Media Research Center.

MMfA resalta el alcance de la «desinformación conservadora» en los medios estadounidenses a través de la emisión de informes y desmentidos rápidos. Esta labor fue significativa para que el público se informara de la falsedad de las afirmaciones supuestamente «justas y equilibradas» de la Fox News, así como también tuvo importancia su informe sobre la plataforma X (antes Twitter) en 2023, en el que destacaba el antisemitismo y los contenidos neonazis de esa red social y señalaba las empresas que se anunciaban junto a esos mensajes.

Quizá fruto de este informe, algunos anunciantes de X han estado abandonando esa plataforma al advertir que sus anun-

---

[15] [https://www1.folha.uol.com.br/poder/2024/05/stf-forma-maioria-para-tornar-assedio-judicial-contra-jornalistas-inconstitucional.shtml].

cios se publicaban al lado de esos contenidos o junto a informaciones con claros discursos de odio, una situación que parece haberse agravado cuando Elon Musk divulgó un mensaje en el que propugnaba la teoría de una conspiración antisemita. Esto último provocó que anunciantes como IBM, NBCUniversal y su matriz Comcast, entre otros, decidieran abandonar X.

El reporte de Media Matters señalaba en la misma situación anuncios de Apple y Oracle, así como otros de Amazon o NBA México junto a *hashtags* asociados a supremacistas nacionalistas blancos.

Esto derivó en que en noviembre de 2023 Musk presentara una SLAPP contra Media Matters for America, acusándola de elaborar un reportaje con la intención de demostrar que su plataforma publicaba a esos anunciantes junto a contenidos neonazis para «ahuyentarlos y destruir a X Corp.». La demanda aseguraba que Media Matters manipuló los algoritmos de la plataforma para hacer que los anuncios aparecieran junto a esos contenidos racistas y que esa acción fue «manufacturada, inorgánica y sumamente inusual». Además, argumentaba que la demandada utilizó cuentas de X que sólo seguían usuarios que acostumbran a publicar ese tipo de «contenidos extremistas». Como era de esperar, Media Matters negó esas afirmaciones y adelantó que saldría airosa en los tribunales.

Sin embargo, la propia estructura usual de una SLAPP hace que una demanda se multiplique por el número de juzgados federales o provinciales –según el país– donde es presentada. Esto, como venimos comentando, representa esfuerzos económicos para el demandado, que debe apelar e implementar gestiones en cada uno de ellos socavando su capacidad financiera. Así es como Media Matters anunció en noviembre del mismo 2023 que se veía obligada a despedir al menos a una docena de empleados por causa del «ataque legal en múltiples frentes», que incluía la demanda original de Musk multiplicada por las investigaciones posteriores de los fiscales generales republicanos.

La FIRE, la Fundación para los Derechos y la Expresión Individuales que tiene como objetivo expreso «defender y sostener los derechos individuales de todos los estadounidenses a la libertad de expresión y de pensamiento», ha explicado que estos despidos son un claro recordatorio de la amenaza que representan las Demandas Estratégicas contra la Participación Pública. Incluso si los acusados de una SLAPP ganan esa demanda, pueden perder si se ven obligados a gastar tiempo y dinero en defenderse. La demanda de Musk contra Media Matters es una SLAPP contra un medio conocido por su perspectiva liberal, pero aquellos que estén en sintonía con la ideología del tecnoligarca tampoco deberían negar que las SLAPP son su problema; muchas de ellas no tienen carácter político y, cuando lo tienen, también pueden apuntar a los medios conservadores.

La FIRE sostiene que, si X cree que el informe de Media Matters es injusto, es libre de presentar su caso ante la opinión pública. En cambio, X ha optado por utilizar el proceso legal como un medio para imponer un costo financiero a un crítico.

La demanda de X es un ejemplo clásico de una SLAPP y otra demostración más de la animosidad de Elon Musk contra la libre expresión. De hecho, que dicha demanda se presentara en una jurisdicción del norte de Texas sin relación sustancial con las partes o el caso ilustra de nuevo la necesidad de un estatuto federal anti-SLAPP.

El inicio de una investigación por parte del procurador general de Texas sobre la expresión protegida de Media Matters –es decir, los límites a su libertad de expresión para garantizar otros derechos– es igualmente preocupante. Aparentemente iniciada para proteger al público contra el «engaño», dicha investigación surge del dudoso razonamiento de que las fuerzas del orden están mejor capacitadas que la opinión pública para decidir qué es verdad y qué no. Se trata de una presunción profundamente equivocada, cuya consecuencia es incidir aún más en el efecto paralizador sobre la libertad de expresión[16].

---

[16] [https://www.thefire.org/news/fire-statement-x-corps-lawsuit-and-texass-investigation-media-matters-america-are-deeply], [https://thehill.com/opinion/4698689-federal-law-must-fix-loophole-allowing-abusive-lawsuits-targeting-speech/] y [https://www.elfinanciero.com.mx/tech/2023/11/21/musk-y-su-pelea-con-mediamatters-agencia-que-denuncio-contenido-neonazi-en-x/].

CAPÍTULO VII

LAS SLAPP EN ESPAÑA, UNA ASIGNATURA PENDIENTE

Todavía a día de hoy el término «SLAPP» sigue siendo casi un desconocido en España, aunque eso no quiera decir que no se venga utilizando contra periodistas, editores y otros sectores de la ciudadanía de forma más o menos continuada desde hace ya algunos años. No es difícil encontrar casos que demuestran esta especie de manía de pedir el amparo o la intervención/sanción de la justicia para silenciar la difusión de alguna información o para evitar que se investiguen hechos que se quieren ocultar y que son de interés público. Hemos recopilado algunos de ellos, que señalamos a continuación.

IBERDROLA NO QUIERE QUE LA MENCIONEN MUCHO

Iberdrola S. A. es un grupo empresarial español con sede en Bilbao, País Vasco, que se dedica a la producción, distribución y comercialización de energía. Surgió en 1992 como resultado de la fusión de dos grupos poderosos del sector eléctrico privado: Iberduero e Hidroeléctrica Española (Hidrola), ambos resultado de fusiones anteriores.

Iberdrola es una de las grandes empresas internacionales del sector (la segunda en el mundo) y el primer grupo energético español por su cotización bursátil. En la actualidad ocupa el primer lugar respecto a generación eléctrica eólica mundial.

Este coloso de la producción de energía demandó en febrero de 2022 al diario digital español *El Confidencial* por supuestos daños al honor de la empresa, y exigía a Titania, la empresa editora del medio, una indemnización de 17,6 millones de euros. El diario, que es cabeza de la empresa, tiene la corta antigüedad de 20 años.

La demanda de Iberdrola contra Titania denunciaba esa supuesta intromisión ilegítima en su derecho al honor por una cobertura realizada de las investigaciones sobre presuntas relaciones entre el grupo y el comisario jubilado José Manuel Villarejo, personaje este último que desde entonces se ha visto involucrado en la difamación y el desprestigio de distintas personas y organizaciones. En julio de 2023 el excomisario ha sido condenado por la Audiencia Nacional española a 19 años de cárcel por revelación de secretos y falsedad documental en el caso Tándem, aunque fue absuelto de las acusaciones de cohecho y extorsión. En el mencionado caso se investiga la contratación de la empresa de Villarejo, Cenyt, por una serie de empresas líderes de sus respectivos sectores para realizar espionaje y elaborar informes sobre otras empresas o personas, con el fin de obtener información sensible que fuera utilizada en cuestiones como seguridad, política o periodismo.

Según expresa el mismo medio demandado ante el Juzgado de Primera Instancia N.º 4 de Bilbao, Iberdrola lo acusó de haber protagonizado, a lo largo de los más de dos años transcurridos desde el inicio de las informaciones sobre el caso, «una auténtica campaña de desprestigio y acoso mediático» contra la empresa y su presidente, que habría ocasionado «un gravísimo daño reputacional a la compañía». En sus escritos, Iberdrola vincula directamente la reputación del presidente de una empresa con la del grupo empresarial[1].

Se da la singularidad de que el demandante apoya el monto de la indemnización solicitada en el informe de una consultoría, el cual establecía que los daños provocados a la empresa por la publicación de 68 artículos se estiman en algo más de 83.240.316 euros, lo que equivale a 1.224.122 euros y 29 céntimos por artículo. Tras hacer una selección de los 12 más perjudiciales para su honor, la compañía cuantifica el perjuicio en

---

[1] [https://www.elconfidencial.com/empresas/2022-02-08/iberdrola-demanda-el-confidencial_3371542/].

17.608.528 euros, lo que equivale a 1.467.377 euros y 33 céntimos por noticia.

Una circunstancia que ahonda en el carácter paralizante de las SLAPP respecto a la libertad de expresión lo constituye el hecho de que el demandante, además, solicita la reserva del derecho de ajustar al alza la cuantía de los daños ya estimados, sumando a futuro los que supuestamente sufriría la empresa si *El Confidencial* publicara nuevas informaciones sobre el caso Villarejo que considere que dañan su reputación. Es decir, que manifiesta su clara intención de coartar el derecho a la información de la ciudadanía e impedir al medio cumplir con su deber de informar sobre hechos de interés para la comunidad.

Resulta singular que el demandante no pone el acento en acusar al demandado de falsedad o de distorsión de la información, se siente damnificado porque el acusado ha publicado demasiadas noticias donde se lo vincula al mencionado Villarejo en plazos «extremadamente cortos», considerando que ha existido una «sobreinformación» de los hechos. Agravada, según el criterio de los abogados de Iberdrola, por el hecho de que algunas de esas piezas fueran sólo de acceso a suscriptores, por considerar que esa contingencia «multiplica el daño reputacional de estas informaciones, ya que impediría a la mayoría de los lectores pasar del titular y acceder a los matices incluidos en el texto de las noticias».

Concretamente, acusa a *El Confidencial* de informar en la parte del caso Tándem en que la justicia investigaba la contratación del comisario José Manuel Villarejo por parte de Iberdrola, presuntamente, «para realizar labores de espionaje e inteligencia a rivales, políticos, jueces y sindicalistas».

Esta demanda abusiva se cerró con la sentencia de la jueza Covadonga González[2], que ha desestimado todos los argumentos esgrimidos por la empresa demandante y ha refrendado la veracidad de las informaciones y la práctica profesional de los periodistas de *El Confidencial,* considerando que: «Los autores de dichas noticias sí cumplieron con el deber de diligencia exi-

---

[2] [https://www.elconfidencial.com/empresas/2023-03-21/iberdrola-pierde-demanda-elconfidencial_3596014/].

gido por la doctrina jurisprudencial, ya que en ningún momento transmitieron como hechos verdaderos simples rumores o invenciones, sino que informaron sobre un tema de máximo interés general». Y termina señalando:

> No se considera que los artículos publicados por la parte demandada en su periódico digital y, más en concreto, las 12 publicaciones que la parte demandante considera especialmente transgresoras del derecho a la libertad informativa y causantes de daño reputacional a la actora en un importe de 17.608.528 euros resulten vulneradores del derecho al honor de la persona jurídica demandante por la no concurrencia del presupuesto de la veracidad.

Por suerte para el demandado, la sentencia de esta jueza obliga a Iberdrola a pagar las costas procesales de ambas partes, con lo cual evita uno de los daños colaterales de muchas de estas demandas abusivas: el ya señalado perjuicio financiero de las defensas.

El periodista Nacho Cardero, director de *El Confidencial,* dijo que la demanda de Iberdrola

> [T]enía una finalidad clara: acallarnos para que no siguiéramos publicando información del proceso penal al que estaban sometidos Iberdrola y su presidente, Ignacio Sánchez Galán (como así ocurrió con otros medios de comunicación, que decidieron omitir ciertos detalles para no poner en riesgo la siempre frágil cuenta de resultados). La cuantía exigida en la demanda, en caso de ser estimada, hubiera dejado en el aire la viabilidad y supervivencia del proyecto. Nosotros, como se pudo comprobar, seguimos informando del caso a pesar de la guerra sin cuartel de burofaxes en el que nos vimos inmersos. Sabemos que una vez que das tu brazo a torcer con casos como el de Iberdrola, ya no hay vuelta atrás. Es el comienzo del fin.

Cardero considera que las SLAPP son «una lacra cada vez más común [...] que han dejado atrás la relación de *fair play* que atávicamente ha existido entre el mundo de la empresa y el ecosistema mediático». Y añade:

> Desgraciadamente, para poder hacer frente a estas demandas SLAPP y no ceder, los medios han de tener un colchón financiero suficiente para aguantar el tiempo que se prolongue el caso. Si el medio aguanta, tiene todas las de ganar debido a la prevalencia o preponderancia de la libertad de información sobre el resto de derechos.

«NO SÓLO DUELEN LOS GOLPES...», TAMBIÉN LAS SLAPP

Hemos visto distintos casos donde los afectados por este tipo de demandas son preferentemente medios de comunicación u organizaciones de la ciudadanía que velan por intereses comunes. Sin embargo, la larga sombra de las SLAPP también alcanza a artistas y creadores cuando organizaciones ultramontanas consideran que se atacan sus principios ideológicos o sus atavismos sociales. Veremos algunos de esos casos.

En 2017 la monologuista Pamela Palenciano informó a través de sus redes sociales que actuaría en la Puerta del Sol, en Madrid, con su pieza teatral *No sólo duelen los golpes*. Lo hacía en apoyo de las mujeres de la asociación Ve-la Luz, que estaban en huelga de hambre para solicitar a la administración española que considerara la violencia machista una cuestión de Estado.

En esta obra la intérprete narra sus vivencias personales y se centra en su primera relación adolescente de noviazgo, que a lo largo de seis años se fue tornando tóxica y violenta. En su monólogo, la actriz va conectando esa dolorosa experiencia con las violencias machistas y la construcción de los estereotipos que sostienen la desigualdad que perpetúa la violencia sobre las mujeres.

Durante el espectáculo Palenciano interactúa con el público y le hace preguntas dirigidas a indagar en sus comportamientos dentro de una relación de pareja; este monólogo se inspira, según la autora, en una de las frases de su psicóloga cuando acudía a terapia: «no sólo duelen los golpes...». La obra, que había comenzado siendo una exposición fotográfica y luego un taller de prevención de violencia, se reformuló como un monólogo para que pudiera presentarse también en institutos de enseñanza secundaria.

Esta última fórmula de difusión fue la que acabó provocando un caso emblemático de SLAPP en España, ya que la viralización de su representación en esos centros despertó la irritación de los sectores identificados con la defensa del llamado pin parental, un mecanismo que pretende otorgar a los padres la capacidad de vetar contenidos que han sido aprobados por un consejo escolar.

Los contenidos que se imparten para que los alumnos reciban formación en igualdad o educación sexual y que se hallan recogidos en la Ley Orgánica para la Mejora de la Calidad Educativa (LOMCE), la última reforma educativa del Partido Popular (PP)[3], son justamente aquellos rechazados por la franja reaccionaria de los padres.

Aunque en 2017 ya hubo una denuncia contra la representación de *No sólo duelen los golpes,* que no fue admitida por la justicia, la SLAPP que nos ocupa fue la presentada en 2022 por la Asociación Hispanoamericana de Hombres Maltratados, que denunció a Pamela Palenciano por un supuesto delito de odio a los hombres y que fue admitida a trámite.

Esta asociación se presenta a sí misma señalando:

> Luchamos contra la discriminación. Promovemos la igualdad ante la justicia. Combatimos las denuncias falsas. Defendemos, apoyamos y asesoramos a los hombres que sufrís maltrato en el ámbito familiar. A los que sois amenazados con perder aquello que más queréis: vuestros hijos. La asociación reúne a hombres y mujeres que defienden una justicia igualitaria, que reclaman la presunción de inocencia y que tienen como prioridad el mejor cuidado de los hijos.

---

[3] [https://www.boe.es/buscar/act.php?id=BOE-A-2013-12886].

Su presidente e impulsor es el abogado Antonio Luna Lema, especialista en derecho penal sobre violencia de género, que expresa lo siguiente: «Nuestra asociación se basa en la lucha contra todo tipo de discriminación de género, orientada a las problemáticas masculinas»[4].

Palenciano, junto con su pareja Iván Larreynaga, fueron acusados de un presunto delito de odio contra los hombres por sus contenidos de denuncia de la violencia machista. Pese a que la demanda fue admitida, la Audiencia Provincial de Madrid fue tajante: «En el supuesto examinado no se aprecia la existencia de esa incitación al odio o a la violencia ni, consecuentemente, la presencia de un riesgo real, aun en el marco del peligro potencial, para los bienes jurídicos protegidos». Agregando que el Juzgado de Instrucción N.º 15 de Madrid nunca debió tramitar la querella contra la actriz y monologista Pamela Palenciano, además de admitir que la actuación de la monologuista se enmarca en la libertad de expresión.

La abogada Laia Serra, que se hizo cargo de la defensa de los acusados, explica esta sentencia contundente:

Llevé a cabo una estrategia arriesgada y confrontativa. Cuando se admitió a trámite, recurrí primero en reforma ante el Juzgado y luego en apelación ante la Audiencia. Mi pretensión era ambiciosa, quería buscar que de raíz se admitiera que la querella no tenía sentido. Y la Audiencia me dio la razón. Varapalo al Juzgado de Instrucción y a la Fiscalía que impugnó mi recurso.

Es la primera resolución sobre libertad de expresión a escala estatal que considera que esto no debería haberse llevado a trámite. Enmienda la dinámica seguida por los tribunales. Nunca nadie había dicho esto hasta ahora. Es un salto cualitativo muy radical[5].

---

[4] [https://asochombresmaltratados.com/].
[5] Auto de la Audiencia Provincial, caso Pamela Palenciano: [https://es.scribd.com/document/560790946/Auto-de-la-Audiencia-Provincial-sobre-el-caso-Pamela-Valenciano#from_embed].

La abogada considera que la legislación contra las SLAPP tendría que cubrir el litigio abusivo en la jurisdicción civil, mercantil, administrativa y penal, porque, por ejemplo, dentro de la jurisdicción administrativa también hay casos. Hay muchas jurisdicciones y a veces será la propia administración la que busque censurar. Esta Directiva, si no cubre todas las jurisdicciones, nace no coja, sino prácticamente muerta.

CUBAINFORMACIÓN, QUERELLADA POR INJURIAS, CALUMNIAS Y DELITO DE ODIO

A mediados de febrero de 2024, en Madrid, se celebró el juicio contra José Manzaneda, coordinador del medio *Cubainformación,* y también contra la representación legal de la asociación Euskadi-Cuba, entidad que hasta el año 2020 fuera propietaria del dominio www.cubainformacion.tv. Se debía dilucidar una querella criminal por injurias, calumnias y delito de odio presentada por el presidente de la organización «anticastrista» Prisoners Defenders[6].

Esta organización asegura que trabaja «por los derechos humanos y la defensa prodemocrática a través de la acción jurídica», y en la denuncia que nos ocupa había solicitado una condena de seis años de cárcel y una indemnización de 50.000 euros por el contenido de un reportaje titulado «Crear una crisis sanitaria en Cuba: objetivo de la guerra contra su cooperación médica», publicado en octubre de 2020. José Manzaneda señalaba en ese artículo que Prisoners Defenders había trabajado en coordinación con el Departamento de Estado del Gobierno de Estados Unidos para «la destrucción de los convenios de cooperación médica solidaria de Cuba en numerosos países»[7]. Según el reportaje, el objetivo de esa acción sería extender el bloqueo eco-

---

[6] [https://www.prisonersdefenders.org/].

[7] [https://www.cubainformacion.tv/especiales/20201005/88116/88116-crear-una-crisis-sanitaria-en-cuba-objetivo-de-la-guerra-contra-su-cooperacion-medica-italiano-francais-deutsch-english-portugues].

nómico que sufre Cuba al sector sanitario. Además, afirmaba que el presidente de la ONG Prisoners Defenders, Javier Larrondo, es «miembro de una de las familias de la burguesía cubana amparada por la dictadura de Fulgencio Batista» y «un criminal de guerra», y «como tal debería ser tratado». Días después Manzaneda retiró parte de estas palabras.

Por su parte, tanto la Fiscalía como la defensa del periodista solicitaban al Tribunal la absolución de la causa por considerar que los hechos no constituyen delito alguno.

Una información suministrada por la Agencia EFE señala que una sentencia del Juzgado de lo Penal N.º 31 de Madrid del 20 de febrero del mismo año ha absuelto tanto a José Manzaneda como a la asociación Euskadi-Cuba de los tres delitos de los que venían siendo acusados y condena al denunciante, Javier Larrondo, a pagar una parte de las costas al apreciar «temeridad» al acusar a una persona jurídica por unos delitos que no es posible que hubiera cometido.

La Fiscalía no acusaba, pero la acusación particular pedía para el periodista seis años de cárcel y 8.400 euros de multa, además de una responsabilidad civil, solidaria con el medio, de 50.000 euros. Para la asociación pedía una multa de 100.000 euros[8].

El magistrado ha absuelto al periodista de los delitos de injurias, calumnias e incitación al odio porque considera «palmario» que no se usa la palabra «guerra» en su acepción literal, así como «es incluso perfectamente coherente, con las previas opiniones vertidas y datos aportados en el artículo, que "criminal de guerra" también hubiera sido empleado en sentido metafórico».

«Esta eventualidad impide descartar un predominio de la intención de crítica, recriminación o censura política, el cual encuentra acomodo dentro de los límites del ejercicio de la libertad de expresión, a diferencia de la motivación alternativa puramente ofensiva o denigratoria», concluye la sentencia.

Tras descartar que pueda imputarse al periodista por esas infracciones, la sentencia rechaza el delito de odio argumentan-

---

[8] [https://fesperiodistas.org/querella-criminal-en-madrid-contra-el-coordinador-de-cubainformacion/].

do que «ni en la más forzada de las interpretaciones puede aceptarse racionalmente que el acusado le dirigiera esas palabras por razón de su pertenencia a un determinado grupo minoritario, vulnerable o desfavorecido»[9].

El letrado de José Manzaneda, Endika Zulueta, ha expresado en un comunicado su satisfacción por un fallo que «destapa las torticeras intenciones del señor Larrondo al utilizar la acción penal como medio de ataque a un rival ideológico en relación con la cooperación médica cubana, solicitando para ello altas penas de prisión por un simple artículo periodístico».

Además, el juez condena a Prisoners Defenders al pago de una parte de las costas por perseverar en la acusación contra la asociación Euskadi-Cuba. Señala la sentencia que «es apreciable temeridad en la parte acusadora cuando dirigió su acusación contra la asociación Euskadi-Cuba» por los delitos de injurias y calumnias, ya que una persona jurídica no puede legalmente cometer tales delitos.

Esta vez la SLAPP no ha consumado su intención y los jueces han sabido reconocer el recurso común a todas ellas: apelar a extravagancias jurídicas o a denuncias por supuestos daños colaterales a los hechos para atacar la libertad de expresión.

LOS SUPERPROPIETARIOS DE PISOS QUIEREN MANTENER SU ANONIMATO

En España, al igual que en muchos lugares del mundo, la vivienda es un drama cotidiano para gran parte de sus ciudadanías, ya que lo que debería ser un derecho se ha convertido desde hace años en unos de los negocios más lucrativos. Por lo mismo, no es extraño que las grandes financieras y los fondos buitre hayan hecho de ese sector uno de sus bocados más apetecibles.

---

[9] [https://www.cubainformacion.tv/solidaridad/20240220/107653/107653-absuelven-totalmente-a-coordinador-de-cubainformacion-y-a-euskadi-cuba-y-condenan-al-pago-parcial-de-costas-al-presidente-de-prisoners-defenders].

Especialmente Barcelona, la capital de la Comunicad Autónoma de Cataluña, es una de las ciudades donde la especulación inmobiliaria y la desproporción de los precios de los alquileres han convertido la vivienda en una crisis humana. Por lo mismo, no resulta sorprendente que el periodismo independiente y otras organizaciones cívicas se hayan interesado por indagar en esa enfermedad urbana.

Así lo han hecho los medios de comunicación *Civio*[10] y *El Crític*[11], que de forma conjunta han procurado esclarecer la opacidad que rodea el negocio inmobiliario. El primero pertenece a una organización que se considera la primera en España «especializada en vigilar a los poderes públicos. Queremos Gobiernos e instituciones transparentes y personas informadas. Y lo hacemos a través del periodismo, la incidencia y la tecnología».

El Crític es un medio de comunicación digital catalán especializado en periodismo de investigación, que es impulsado por la cooperativa de periodistas Crític S. C. C. L. Su principal canal es su web, donde publica reportajes, entrevistas, artículos de opinión y análisis sobre aspectos de la actualidad política, económica o social, principalmente en catalán, aunque regularmente incluye contenidos en español.

El caso es que *Civio* obtuvo datos sobre la propiedad de los grandes tenedores de pisos en Cataluña mediante una petición de derecho de acceso a la información pública que hizo al Institut Català del Sòl (Incasòl, siglas en catalán de Instituto Catalán del Suelo). Esa información fue publicada de forma conjunta en *El Crític*.

En ese largo artículo se señala que «Un grupo selecto de 303 empresas privadas acumula 49.954 pisos alquilados en Cataluña. Son los grandísimos tenedores, aquellas sociedades con más de 50 viviendas cada una. Dentro de estas empresas, la distribución también es desigual: sólo 30 controlan más de la mitad, 25.601 viviendas. Los grupos empresariales con más pisos son CaixaBank, Cerberus, Blackstone y Cevasa».

---

[10] [https://civio.es/].
[11] [https://www.elcritic.cat/].

El Incasòl, que por aquel entonces dependía de una vicepresidencia de la Generalitat catalana –máxima autoridad de esa comunidad– que encabezaba Jordi Puigneró, denegó la petición de informar sobre esos propietarios, por lo que el diario catalán inició diligencias ante la Comisión de Garantía del Derecho de Acceso a la Información Pública (GAIP) para hacerse con una información que era de carácter público y por eso mismo no se le debía negar.

La GAIP le dio la razón a *El Crític*, pero la Cámara de la Propiedad presentó un recurso en el Tribunal Superior de Justicia de Cataluña (TSJC) para evitar que se divulgara la información; este intento de una SLAPP fue el detonante de la campaña #DeQuiSonElsPisos (De quién son los pisos), un *crowdfunding* mediante el cual se recaudaron los fondos necesarios para cubrir los costes del procedimiento judicial impulsado por la Cámara y con la que anunciaban su deseo, si se accediera a un fallo favorable, de publicar la lista completa de los grandes tenedores de pisos de alquiler, así como la dimensión de su presencia en cada municipio de Cataluña.

Legalmente, un gran tenedor es aquel que tiene diez viviendas o más. En 2021, *El Crític* comprobó que el total de viviendas alquiladas en manos de este tipo de propietarios es de 173.315 pisos. Este medio señala que «los 50.007 mencionados aquí son los que pertenecen a las mayores empresas, las que tienen 50 o más cada una. Sin embargo, es posible que estos grupos empresariales tengan más pisos de los contados en esta lista: si tienen alguna otra sociedad con menos de 50 viviendas alquiladas, esta parte de su patrimonio se mantiene oculta».

Sin embargo, el 15 de febrero de 2024 el digital ha informado a través de su web, con las firmas de sus redactores Laura Aznar y Roger Palà, que «el TSJC ha dado la razón a la Cámara de la Propiedad en su litigio para evitar que el Institut Català del Sòl (Incasòl) de la Generalitat pueda hacer pública la relación de grandes propietarios de pisos de alquiler».

El Tribunal, en una sentencia de ocho páginas que ha tardado más de dos años en emitir, da la razón a la Cámara con el argumento de que hacer públicos los nombres pondría en riesgo la seguridad pública e incentivaría las ocupaciones, aunque *El Crític* no pedía las direcciones de los inmuebles y sólo solicitó a los titulares de las empresas propietarias información de pisos con un alquiler vigente, no reclamaba aquella relativa a pisos vacíos.

En el mismo artículo se señala que la GAIP ha interpuesto un recurso de casación contra la sentencia ante el Tribunal Supremo, que habrá que ver qué recorrido tiene y cuánto tiempo tarda en resolverse[12].

Como se ve, los buenos también pierden y parece que con frecuencia, según señala Roger Palà, periodista y editor-director de *El Crític:* «Es muy habitual que la administración nos deniegue el acceso a la información; quizá en un 50% de las ocasiones». Además, señala que

si la información afecta a un tercero, es posible que acabe en los tribunales. Esto nos ha pasado varias veces, por ejemplo, en un caso con Amazon. Pedimos información sobre las sanciones que el Departament de Treball (Departamento de Trabajo) de la Generalitat había impuesto a Amazon y acabó accediendo a facilitar información, pero Amazon lo recurrió a los tribunales y cuando hay un recurso, en el 90% de las veces hay unas medidas cautelares que impiden a la administración facilitar la información. Al final, presentar recursos judiciales es una estrategia de dilación. Nos ha pasado también; por ejemplo, con la patronal de los pisos turísticos, que también lo recurrió.

Palà considera que

limitaciones al derecho a la información siempre han existido, como las presiones o la amenaza de que te puedan llevar a los tribunales, pero las SLAPP son un perfeccionamiento de ellas, porque implica que incluso antes de que tú puedas publicar

---

12 [https://www.elcritic.cat/sobre-critic/novetats/el-tsjc-nega-a-critic-acces-als-noms-dels-grans-tenidors-de-pisos-192462] y [https://www.elcritic.cat/investigacio/els-superpropietaris-de-catalunya-169723].

una información existen mecanismos legales y jurídicos, si tienes recursos para pagar un bufete de abogados, para evitar que esta información se haga pública, lo que es muy pernicioso porque, más allá de que es una limitación al derecho a la información, también nos empuja a hacer un periodismo no tanto de investigación sino de filtración.

Este periodista pone alguna esperanza en la Directiva europea anti-SLAPP, ya que estima que

la judicatura española no es precisamente un baluarte del progresismo y de la apertura de miras. Nosotros lo hemos visto muy claramente con la sentencia del TSJC que nos denegó el acceso al listado de los grandes propietarios de pisos, que básicamente recogió el ideario de la patronal inmobiliaria, de pe a pa. Prácticamente consideraba que publicar quiénes son los grandes tenedores de vivienda implicaba estar incentivando la ocupación de pisos. Por tanto, no sabemos si será mejor, de lo que sí que podemos estar seguros es que mucho peor no será. Esto no quiere decir que no se tenga que plantar batalla aquí y que no tengamos que trabajarlo a nivel judicial.

UN EXDIPUTADO DE VOX TAMBIÉN RECURRE A LAS SLAPP

A finales de 2021 el empresario y exjuez Francisco Serrano, exdiputado autonómico de Vox y expresidente de ese partido en Andalucía, interpuso una denuncia contra el medio *infoLibre* y acusó a su jefe de investigación, el periodista Ángel Munárriz, de haber difundido «información reservada y de naturaleza confidencial» pese a «tener conocimiento de su origen ilícito», señalando en su denuncia el supuesto de que esa información le fue entregada a Munárriz por la acusación popular de un caso en el cual el empresario había sido condenado.

Serrano entendía en su denuncia que ambos (el medio y su periodista) habrían actuado guiados por la búsqueda de «rentabilidad económica» y la «creación de opinión pública» para «perjudicar y deteriorar» la imagen del empresario condenado. Por otro lado, afirmaba que los datos revelados por el medio habían afectado a su derecho a una defensa efectiva, a su presunción de inocencia, a su honor y a su intimidad.

Los hechos se remontan al 15 de junio de 2023, cuando el periódico digital español *infoLibre* incluía en su información que la Fiscalía había elevado días antes un escrito al Juzgado de Instrucción N.º 16 de Sevilla en el que se reclamaba hasta ocho años de prisión para Francisco Serrano. En ese momento, se le acusaba de un presunto delito de fraude de subvenciones y otro de estafa, en relación con el destino de un préstamo estatal de casi 2,5 millones de euros, que había desvelado el propio medio.

Según el digital, la Fiscalía señalaba que Serrano y dos personas, conscientes de «la importancia que tiene ofrecer ante el Ministerio de Industria una imagen de solvencia» para captar sus préstamos, decidieron constituir la empresa Biowood Niebla, con un capital de 7.000 euros y una «maquinaria que nunca fue comprada ni poseída por los socios, por lo que la declaración no era ajustada a la verdad».

Con esa fachada inventada el Ministerio de Industria les concedió un préstamo por un importe de 2.489.000 euros que según publicara *infoLibre* fueron destinados «para fines no comprendidos» en el proyecto subvencionado, destinando unos 200.000 euros a «un cliente de Serrano Abogados que estaba necesitado de financiación y a quien Biowood decidió hacer un préstamo con los fondos» estatales recibidos.

Finalmente, un juez ordenó su procesamiento bajo la acusación de fraude de subvenciones y estafa, mientras que la Fiscalía de Sevilla solicitó seis años de prisión para el exjuez y exlíder de Vox en Andalucía, lo mismo que para sus socios Enrique Pelegrín y Francisco Javier López Ballesteros por un delito de estafa. La Fiscalía solicitó también que indemnizaran de forma conjunta y solidaria al Ministerio de Industria con casi dos millones y medio de euros, cantidad que recibieron de manera supuestamente irregular para montar una empresa. Además, el escrito de acusación pide que durante seis años se les impida obtener ayudas públicas o incentivos fiscales por parte de la Seguridad Social[13].

Con la causa perdida, Serrano pretendió ajustar cuentas con los periodistas que habían hecho el trabajo de informar de ese caso, pero esta vez la SLAPP no prosperó, ya que, tras repetidos recursos del demandante, a finales de mayo de 2023 la Audiencia Provincial de Sevilla concluyó, en un auto contra cuya sentencia no cabe recurso, que: «En tanto que la finalidad del deber de reserva de las diligencias sumariales no se ha visto quebrantada, debe prevalecer el derecho a la información». Lo cual estaba en concordancia con lo que había señalado en marzo del mismo año el Juzgado de Instrucción N.º 5 de Sevilla, que había resuelto el sobreseimiento provisional y el archivo de la causa justificado, porque «las noticias publicadas no hacen referencia a aspectos de su vida privada, sino a presuntos hechos y presuntos comportamientos relacionados con los deberes cívicos de cualquier ciudadano (cumplimiento de las normas, tributación) que forman parte de la esfera de lo público, mucho más en el caso del denunciante por su cargo público como representante de la ciudadanía, que conlleva un deber moral de ejemplaridad»[14].

«*MONGOLIA*, REVISTA SATÍRICA SIN MENSAJE ALGUNO»

La revista *Mongolia* es una publicación dedicada a la sátira social y que, a pesar de prometer que no da «mensaje alguno», se ha dedicado desde su nacimiento en 2012 no sólo a acumular ediciones, sino también denuncias judiciales por esos mensajes que la revista está decidida a no dar, pero que parecen ofender a algunas personas y organizaciones. Esto último, claro está, a pesar suyo.

---

[13] [https://www.infolibre.es/politica/fiscalia-pide-ocho-anos-carcel-juez-serrano-fraude-ayudas_1_1524699.html].

[14] [https://www.infolibre.es/politica/fiscalia-opone-ultimo-juez-serrano-sentar-infolibre-banquillo_1_1517279.html].

Mongolia dice que su objetivo es «ensanchar el espacio de la libertad de expresión a través de la sátira y la información, irreverente e indomable, y con el punto de mira siempre situado hacia los poderosos». Pues parece que hay quienes piensan que ese ensanche no es positivo y, claro…, viene la denuncia judicial que, en muchos casos, obra en defensa de los derechos o virtudes de seres de existencia discutible para muchos.

Por ejemplo, la última demanda (hasta el momento) contra *Mongolia* se dilucidó en enero de 2024, cuando el titular del Juzgado de Instrucción N.º 12 de Barcelona consideró que correspondía el sobreseimiento libre de la causa que abrió, a raíz de una denuncia del Sindicato de Funcionarios Públicos Manos Limpias, que estimaba que la revista y, por lo mismo, sus editores habían ofendido los sentimientos religiosos[15]. Al demandante se sumaron las ofendidas organizaciones Abogados Cristianos, Hazte Oír y Comunidad Tradicionalista.

Según expresa en su web, el propio sindicato de las «manos limpias» considera que

> actualmente es imprescindible que existan personas, e instituciones, independientes que defiendan la justicia, la libertad, la igualdad y que luchen contra la corrupción. Comprometidos con el presente y el futuro democrático de nuestro país, creemos que la única manera de garantizar el correcto funcionamiento de todas nuestras instituciones únicamente es posible mediante la existencia de un sistema efectivo de separación de poderes. En definitiva, es imprescindible que existan personas, e instituciones, independientes que defiendan la justicia, la libertad, la igualdad y que luchen contra la corrupción.

Seguramente, para cumplir con alguno de esos objetivos demandaron a *Mongolia* por la portada de su edición de diciembre de 2022, en la cual se veía el dibujo de un clásico belén navideño donde el niño nacido estaba suplantado «por un helado de chocolate que los querellantes interpretaron como un excremento»,

---

[15] [http://www.manos-limpias.es/].

según los demandados. Por alguna razón que se nos escapa, el Código Penal español ampara que en España aún se pueda denunciar judicialmente por algo tan etéreo como los sentimientos religiosos, así que se dio trámite y se abrió causa contra los *ofensores.*

Sin embargo, la razón suele primar algunas veces, y en este caso lo hizo. Un juez de Barcelona ha archivado la causa en cuestión al entender que la supuesta ofensa está amparada por el derecho de la libertad de expresión y que no pretendía ofender los sentimientos de los creyentes en el belén y sus protagonistas conocidos.

Pero no siempre se da el final feliz. En marzo de 2018 *Mongolia* fue condenada a pagar 40.000 euros y las costas del juicio al extorero José Ortega Cano, a la cual había demandado por vulnerar su honor al utilizar su imagen en un cartel publicitario del espectáculo de humor de dos de sus editores, Darío Adanti y Edu Galán, en Cartagena. En ese cartel el matador aparecía como si fuera un alienígena con varios mensajes en los que ponía: «Estamos tan agustito» y «Antes riojano que murciano». La justicia consideró la demanda por ataque al honor y dio la razón al demandante. Los condenados recurrieron en casación ante el Tribunal Supremo, que, en diciembre de 2020, no atendió sus razones y en *Mongolia* no tuvieron otra opción que iniciar una campaña de micromecenazgo para recaudar el dinero necesario para esa indemnización.

En febrero de 2023, el abogado José Luis Mazón recurrió esa sentencia ante el Comité de Derechos Humanos de la ONU, con sede en Ginebra[16]; organismo que el 16 de enero de 2024 ha admitido a trámite la petición del coeditor de la revista satírica *Mongolia*, Darío Adanti, para examinar esa condena. Si el recurso prospera a favor del editor, sería el Estado español el que debería resarcir a Adanti por haber fallado en la protección de derechos fundamentales de sus ciudadanos.

Para el periodista Pere Rusiñol, los *lobbies* católicos cuentan con una auténtica maquinaria para interponer querellas contra

---

[16] [https://www.ohchr.org/es/treaty-bodies/ccpr].

expresiones disidentes o laicistas, con un objetivo real que no es necesariamente ganar los casos –es más, casi siempre suelen perderlos–, sino con el de provocarles problemas:

> Cualquier juicio implica destinarle energías durante meses y afrontar gastos de abogados y procuradores que no están al alcance de cualquiera, incluso si los letrados actúan de forma solidaria. El objetivo es que la próxima vez te lo pienses dos veces antes de meterte en líos. Y ello sin descartar que, en caso de un fallo adverso del Tribunal (no probable, pero tampoco imposible), puedan sacarte de la circulación teniendo en cuenta la precariedad de los balances contables de muchos proyectos de prensa independiente.

En el caso de la revista *Mongolia,* podemos hablar de un asedio a la publicación, ya que, como señala Rusiñol:

> Hemos tenido que afrontar cuatro querellas simultáneas por «ofensas a los sentimientos religiosos», un delito que en la práctica equivale a la blasfemia y que, lamentablemente, en España sigue inscrito en el Código Penal por desidia de la izquierda. En total ha sido más de un año de estar pendiente de estos procedimientos, con las derivadas económicas y de «pena del telediario» correspondientes, pero finalmente todas se han archivado ya. Nosotros tratamos de darle la vuelta: aprovecharlas para lanzar campañas que refuercen la cohesión de nuestra comunidad, subrayar la vigencia del propósito de nuestro proyecto –defender la libertad de expresión ante las amenazas crecientes para cercenarla– e incluso, paradójicamente, atraer a nuevos públicos y conseguir financiación adicional para blindar el proyecto. Como creemos que el objetivo de las querellas es debilitarnos, nosotros las utilizamos para intentar ser más fuertes. Es nuestro mejor seguro, así se lo pensarán ellos dos veces la próxima vez que quieran amedrentarnos con este tipo de método.

UN EXJUEZ EXPULSADO POR PREVARICAR QUIERE «MORIR MATANDO»

Salvador Alba, exjuez en Canarias, ha sido encarcelado y expulsado de la carrera judicial después de ser condenado en firme a seis años y medio de prisión. La condena devino por haberse comprobado que el magistrado había utilizado su puesto para conspirar contra la también magistrada Victoria Rosell y acabar con la carrera política que esta había iniciado en la formación política Podemos, siendo elegida diputada por esa formación en las elecciones generales españolas de 2015.

En febrero del año siguiente, el exministro José Manuel Soria presentó una querella contra Rosell, que era su contrincante política por un caso que ella había dirigido como jueza. En ese momento, la magistrada estaba en excedencia y era diputada de Podemos por la provincia de Las Palmas. Soria la acusaba de retraso malicioso en la administración de justicia, cohecho y prevaricación en referencia a su actuación en la causa que instruyó contra el empresario Miguel Ángel Ramírez.

La demanda fue admitida a trámite por el Tribunal Supremo y ella debió renunciar a volver a presentarse a las elecciones en cumplimiento del código ético de su partido, que se lo impedía por ser imputada en una querella, aunque en diciembre de 2016 fuera sobreseída al no apreciarse delito alguno.

A la defensa de la jueza le sorprendió que José Manuel Soria conociera detalles sobre un caso al cual no se hallaba vinculado. Así comenzó una investigación que llevó hasta el juez Salvador Alba y pudo demostrar que este había logrado inculpar en una causa judicial a Rosell y al periodista Carlos Sosa, su pareja, mediante la manipulación de la declaración del empresario Miguel Ángel Ramírez, al que compensaría por esa falsedad facilitándole librarse de otras causas que tenía pendientes. Todo ello resultó probado para el Tribunal Supremo, que suspendió a Alba como juez por apreciar que había cometido los delitos de prevaricación, cohecho, falsedad documental, revelación de secretos y negociaciones prohibidas a funcionarios. El ya exmagistrado terminó entrando en la cárcel en octubre de 2022.

El condenado decidió «morir matando», y con ese fin presentó en 2024 ante la Audiencia Provincial de Madrid una querella que ha llevado al banquillo de los acusados a Carlos Sosa, actual director del medio *Canarias Ahora*, cabecera asociada a *elDiario.es* en las islas. La jueza que ha recibido la demanda ha decidido abrir juicio oral contra el periodista por las informaciones que su medio de comunicación publicó sobre el caso de Salvador Alba y la conspiración contra Victoria Rosell y el propio Sosa.

La magistrada ha aceptado en febrero de 2024 buena parte de los postulados de la querella del exmagistrado encarcelado, querella que exige al periodista una fianza de 422.500 euros y 23 años de prisión por la imputación de revelación de secretos, delito de odio, acoso y organización criminal, ya que incluye en el paquete de demandados a dos redactores del medio que dirige Carlos Sosa, a Victoria Rosell y al propio director de *elDiario.es*, Ignacio Escolar[17].

La jueza ha decidido trasladar el caso a un juzgado de lo penal que ha de celebrar un juicio por las imputaciones de Alba y ha aceptado la fianza solicitada por la acusación, que sostiene que las informaciones publicadas por *Canarias Ahora* sobre el caso no estaban dirigidas a informar, sino a hundir la reputación del exjuez. También sostiene que los datos aportados pertenecían a una causa judicial secreta y que a raíz de ellos tanto él como su pareja han sufrido insultos de odio en internet y la publicación de datos personales, lo cual ha afectado hasta a su hija menor de edad.

La jueza ha admitido este trámite contra la opinión de la Fiscalía, que considera que las informaciones sobre el caso y sobre Alba difundidas por *Canarias Ahora* fueron veraces, se correspondían con un suceso de máxima relevancia pública y no revelaban datos confidenciales del acusado ni de su familia. Lo rubrica señalando que esa información del periodista «constituyó el ejercicio legítimo de su derecho fundamental a la libertad de

---

[17] [https://www.eldiario.es/canariasahora/magistrada-envia-banquillo-periodista-carlos-sosa-peticion-juez-corrupto-alba-informar_1_10906949.html].

información». Asimismo, afirma que «Sosa es un periodista que cubre una noticia de clara relevancia e interés público, que ha obtenido de forma lícita y la ha publicado omitiendo datos que puedan afectar a la intimidad de la víctima y de su familia», y pide archivar el caso[18].

En julio de 2024 el digital *Canarias Ahora* publicaba:

> En *Canarias Ahora* podemos atestiguar que el *lawfare* existe. Lo vivimos de cerca entre 2015 y 2022 cuando informamos con todo detalle de cómo el exministro José Manuel Soria (PP) y el exjuez Salvador Alba conspiraron para acabar con la carrera política y profesional de la magistrada Victoria Rosell (Podemos). Y lo volvemos a vivir ahora con el intento de Alba de vengarse en la persona del director de nuestro periódico, Carlos Sosa, tras haber sido descubierto, juzgado y condenado a los tres delitos más graves que puede cometer un juez (cohecho, prevaricación y falsedad en documento judicial) a seis años y medio de prisión y 18 de inhabilitación.
>
> Con la ayuda de una jueza de Madrid que ha desoído incluso al Ministerio Fiscal, Alba ha conseguido que Carlos Sosa se siente en el banquillo [...] simplemente por haber informado con todo rigor de sus delitos y de sus trapisondas para eludir la acción de la justicia.

En julio de 2024 el International Press Institute (IPI) reclamó a la justicia española que se retiren todos los cargos contra el periodista y también Reporteros sin Fronteras exigió que se cerrase «el alarmante proceso contra Sosa».

---

[18] [https://www.eldiario.es/blog/el-boletin-del-director/23-anos-carcel-publicar-informacion-veraz_132_10912616.html?s=04&fbclid=IwAR2kyUwEwz9RWKqOLM-IDI9AwQjbXX63uY8CFbqzZX4CyqZ7hmKrMUFQRac].

CAPÍTULO VIII

LA NUEVA DIRECTIVA
WÖLKEN-BOLAÑOS GARCÍA

El 27 de febrero de 2024, tras un largo periplo sorteando la presión de los distintos *lobbies* y negociando con la oposición de algunos poderes judiciales de los países miembro de la UE, el Parlamento Europeo ha sancionado la propuesta de Directiva del propio Parlamento y del Consejo para la protección de la ciudadanía contra las SLAPP.

El informe de prensa realizado para la ocasión señala la propuesta de que el texto aprobado «se cite como la Directiva Wölken-Bolaños García relativa a la protección de las personas que realizan actos de participación pública y se enfrentan a las demandas judiciales manifiestamente infundadas o abusivas (Demandas Estratégicas contra la Participación Pública)», y encarga a su presidenta «que transmita la posición del Parlamento al Consejo y a la Comisión, así como a los parlamentos nacionales».

La nueva Directiva da luz verde a una serie de normativas para proteger a periodistas y activistas europeos de pleitos abusivos destinados a silenciarlos. La legislación, que en su debate ha recibido numerosas críticas tanto por la demora en su adopción como por su supuesta tibieza, había sido acordada con los Gobiernos de la UE en noviembre de 2023, y señala que se aplicará

en casos que afecten a más de un país de la UE y beneficiará a periodistas, activistas o académicos que trabajan en el ámbito de los derechos fundamentales, acusaciones de corrupción o desinformación. Entre las nuevas salvaguardias para evitar intentos de silenciamiento, los casos infundados podrán desestimarse en una fase temprana. Los tribunales también podrán exigir al demandante garantías financieras para cubrir el coste del procedimiento e imponer sanciones disuasorias, como el pago de una indemnización por daños.

LAS NUEVAS PROTECCIONES CONTRA LAS SLAPP

La nueva Directiva se inspira en la resolución del Parlamento de 2021 que, a su vez, inspiró la propuesta de la Comisión del 27 de abril de 2022 aprobada en la misma fecha, que es la que ha llegado a buen puerto y que aporta protecciones como estas:

- Define una serie de herramientas esenciales para luchar contra este tipo de procedimientos judiciales (SLAPP), siempre y cuando estén relacionados con asuntos civiles y tengan implicaciones transfronterizas.
- El sobreseimiento anticipado de un proceso judicial manifiestamente infundado. En estos casos, los tribunales podrán anticipar el sobreseimiento del proceso, en cuyo caso la carga de prueba recaerá en el demandante.
- Los costes procesales, cuando el caso se desestime por abusivo, serán para el demandante, incluidos los honorarios de los abogados del demandado.
- Se reconoce el derecho de la persona demandada a una compensación total por los daños materiales e inmateriales que pueda sufrir.
- Reconoce la posibilidad de sanciones disuasorias para quienes presenten demandas de este tipo ante los tribunales.
- Los Estados miembros no reconocerán las sentencias de las SLAPP cuando estas procedan de países ajenos a la UE y sean contra una persona domiciliada en un Estado miembro, si el procedimiento es manifiestamente infundado o abusivo con arreglo a la legislación de ese Estado.
- La persona demandada puede solicitar la compensación de los daños y perjuicios y de las costas en el Estado miembro en el que esté domiciliado[1].

---

[1] [eu/pdfs/news/expert/2024/2/briefing/20240212BRI17604/20240212BRI17604_es.pdf]. Texto aprobado: [https://www.europarl.europa.eu/doceo/document/TA-9-2024-0085_ES.pdf].

Seguidamente, apenas conocida su sanción, recopilamos la evaluación de la Directiva que han hecho las principales organizaciones que han trabajado por ella y que habían sido muy críticas con propuestas anteriores que consideraron que no atendían de forma necesaria la gravedad ni la inseguridad que generan las SLAPP.

PROYECTO PATFOX: «DECISIÓN HISTÓRICA PARA LA LIBERTAD DE EXPRESIÓN Y LA DEFENSA DE LOS DERECHOS HUMANOS»

El mismo día en que fue aprobada la nueva Directiva europea anti-SLAPP, el proyecto PATFox dio a conocer esta declaración:

El Parlamento Europeo (PE) ha aprobado hoy la Directiva relativa a la protección de las personas que participan en la vida pública contra reclamaciones manifiestamente infundadas o procedimientos judiciales abusivos (Demandas Estratégicas contra la Participación Pública), conocida informalmente como Ley Daphne en honor a la periodista asesinada Daphne Caruana Galizia.

En una decisión histórica para la libertad de expresión y la defensa de los derechos humanos, el PE aprobó con 546 votos a favor, 47 en contra y 31 abstenciones el texto acordado con el Consejo el 30 de noviembre de 2023. La Directiva entrará en vigor a los 20 días de su publicación en el Diario Oficial de la UE. Los Estados miembros tendrán dos años para transponer las normas a sus sistemas nacionales.

La Directiva garantiza dos salvaguardias: el sobreseimiento anticipado si el caso es infundado y la posibilidad de pedir al demandante que pague las costas procesales estimadas, incluida la representación legal del demandado, y una indemnización por daños y perjuicios. Si el demandado solicita el sobreseimiento anticipado, corresponderá al demandante demostrar que existen motivos para proseguir el procedimiento. El tribunal también puede imponer otras sanciones a los demandantes, que suelen ser políticos, empresas o grupos de presión, como condenarlos a pagar una indemnización por daños y perjuicios.

Sin embargo, la protección se aplicará a todos los casos transfronterizos, lo cual excluye los casos en los que tanto el demandado como el demandante sean del mismo país de la UE que el tribunal o en los que sólo afecte a un Estado miembro. Esto refuerza la necesidad de garantizar y promover los esfuerzos de defensa ante las SLAPP en primera línea en toda la Unión Europea. Hace dos años se diseñó el proyecto PATFox para abordar exactamente esta necesidad.

En los últimos meses de 2024, PATFox ha desarrollado el primer plan de estudios anti-SLAPP de Europa, que proporciona a los profesionales del derecho que defienden a periodistas y organizaciones de medios de comunicación, ONG y activistas las herramientas necesarias para identificar y desafiar adecuadamente esta forma de abuso.

El Curriculum Hub (disponible en https://www.antislapp.eu/curriculum-hub) es una herramienta de formación fácil de usar compuesta por 73 materiales de aprendizaje, tanto en inglés como en lenguas locales, que se basa en la experiencia internacional y los principios europeos de derechos humanos, así como en los conocimientos procesales y las jurisprudencias locales.

El Curriculum Hub es una plataforma innovadora y práctica que proporciona a los abogados y profesionales del derecho europeos acceso a recursos curriculares de alta calidad para el aprendizaje de la defensa anti-SLAPP, con el fin de satisfacer mejor las necesidades de una profesión en evolución[2].

---

[2] [https://fibgar.es/el-consorcio-patfox-celebra-la-aprobacion-por-el-parlamento-europeo-de-la-directiva-contra-el-slapp/].

LA FEP ESPERA QUE LOS ESTADOS MIEMBROS ESTÉN A LA ALTURA DE LA TAREA

Por su parte, la Federación Europea de Periodistas (FEP) también dio la bienvenida a la nueva Directiva «destinada a proteger a periodistas y medios de comunicación de litigios abusivos», entendiendo que «ofrece salvaguardias a los periodistas objeto de demandas manifiestamente infundadas o procedimientos judiciales abusivos, en materia civil y con implicaciones transfronterizas». Celebraba que se incluyera un procedimiento acelerado para desestimar los casos en la etapa más temprana, el apoyo de terceros a los objetivos durante los juicios, las sanciones para los demandantes y los daños compensatorios para las víctimas.

En su comunicado señalaba también uno de los problemas de la normativa: esta Directiva sólo es aplicable a los casos SLAPP con una dimensión transfronteriza, es decir, cuando ambas partes están domiciliadas en diferentes Estados miembros. Sin embargo, la definición de «transfronterizo» se amplió durante las fases finales de las negociaciones para incluir «otros elementos relevantes a la situación»; por ejemplo, la información de interés público publicada en un país podría considerarse un elemento «transfronterizo» según esta Directiva. En definitiva, corresponderá a los tribunales nacionales y a los Estados miembros aplicar esta definición de manera amplia según los casos.

Esta incorporación, aunque incompleta, fue una demanda clave de la CASE (Coalition Against SLAPP in Europe, a la que pertenece la FEP), que mapeó los casos de SLAPP en toda Europa desde 2011 hasta hoy; según la investigación, sólo menos del 10% de los casos identificados y examinados se ajustaba al concepto clásico de «transfronterizo». Una definición estricta, según la cual la Directiva sólo se aplicaría a objetivos de las SLAPP demandados en un contexto puramente internacional, no habría logrado contrarrestar el creciente problema de las SLAPP en la UE.

En un comunicado de prensa analizando varios de los artículos clave, la CASE exponía lo siguiente: «La responsabilidad ahora recae en los Estados miembros para construir sobre la base establecida por la Directiva anti-SLAPP y redactar una legislación nacional eficaz que incluya un amplio alcance para cubrir también los casos de SLAPP nacionales».

Renate Schroeder, directora de la FEP, declaró:

> Los Estados miembros tendrán dos años para cumplir la Directiva y esperamos que la legislación anti-SLAPP se transponga a tiempo en todos los países y vaya más allá de las garantías mínimas previstas en este texto. La gravedad del problema requiere que los Gobiernos europeos sean más ambiciosos a medida que las SLAPP proliferen en toda la Unión Europea. También esperamos que la próxima Recomendación del Consejo de Europa proporcione más orientación[3].

CASE: LA DIRECTIVA ANTI-SLAPP CREA UN ESTÁNDAR MÍNIMO PROMETEDOR PARA LOS ESTADOS MIEMBROS

La Coalición contra las SLAPP en Europa (CASE), como se señaló anteriormente, hace recaer la responsabilidad del futuro de esta legislación en los Estados miembros de la UE, para que en sus respectivas transposiciones a la legalidad de sus países aprovechen las bases establecidas por la Directiva e incluyan:

- Garantías sólidas en términos del mecanismo de despido anticipado para filtrar las SLAPP[4].
- Un amplio alcance para cubrir también casos y reclamaciones de SLAPP nacionales, regidos por el derecho procesal penal o en procedimientos administrativos[5].

---

[3] [https://europeanjournalists.org/blog/2024/02/27/efj-welcomes-the-adoption-of-the-anti-slapp-directive-expects-member-states-to-measure-up-to-the-task/].

[4] [https://www.the-case.eu/wp-content/uploads/2024/02/CASE-Cross-border-definition.pdf].

[5] [https://www.the-case.eu/wp-content/uploads/2024/02/CASE-Analysis-of-EU-Directive-EDM-3.pdf].

- Salvaguardias en la legislación nacional sobre compensación de daños con criterios específicos, así como la imposición de multas sustanciales al demandante por utilizar las SLAPP para intimidar a los organismos de control públicos[6].

- Instrumentos no jurídicos, como mecanismos de apoyo, sensibilización y formación de jueces/abogados; ética de los abogados; recopilación de datos y seguimiento de las SLAPP, etc. Estos instrumentos se detallan en la Recomendación anti-SLAPP de la Comisión y en la del Consejo de Europa.

La CASE y cada una de sus sedes nacionales seguirán de cerca esta transposición para garantizar que estos estándares mínimos se cumplan en toda Europa y que la legislación se redacte de acuerdo con la Recomendación anti-SLAPP de la Comisión y la próxima Recomendación del Consejo de Europa sobre la cuestión[7].

El grupo de trabajo de la CASE en España se halla conformado por la Fundación Internacional Baltasar Garzón (FIBGAR), Greenpeace, Xnet, Article 19 y la Federación de Sindicatos de Periodistas (FeSP). Se están dedicando a la puesta en común de información sobre las SLAPP y el monitoreo de casos nacionales, además de estimular y promover iniciativas anti-SLAPP y garantizar una transposición de amplio alcance, efectiva y garantista.

En el acto organizado por la CASE en octubre de 2024 el responsable de Calidad Democrática de Greenpeace, Javier Raboso, señaló que «es necesario articular una causa común contra estos intentos de silenciar voces incómodas que atacan directamente al ejercicio de la libertad de expresión, minando la calidad democrática en nuestro país».

---

[6] [https://www.the-case.eu/wp-content/uploads/2024/02/CASE-Analysis-of-compensatory-damages.pdf].

[7] [https://www.the-case.eu/latest/the-anti-slapp-directive-creates-a-promising-minimum-standard-for-member-states/].

Alessia Schiavon, directora Ejecutiva de FIBGAR, coordinadora de PATFox y de CASE en España, considera que

en el proceso de transposición, lo previsto en la Directiva debe considerarse como un requisito mínimo y de ninguna manera la aplicación de la Directiva podrá constituir motivo para la reducción del nivel de garantías ya ofrecidas a nivel nacional. Como establece el art. 4 de la Directiva, los Estados miembros podrán ampliar el ámbito de protección más allá de lo estrictamente exigido por el instrumento de la UE o mantener disposiciones más favorables.

Schiavon añade que

la recomendación también adopta una interpretación amplia del interés público y la participación pública, que abarca el derecho democrático de todos a tomar parte en el discurso y los asuntos públicos en línea y fuera de línea. Por tanto, incluye a todos los vigilantes públicos y participantes en el discurso público, como académicos, defensores de los derechos humanos y miembros de organizaciones de la sociedad civil. No se limita a periodistas y otros actores de los medios de comunicación. El texto incluye una serie de normas que deben aplicarse en los ámbitos del derecho administrativo y penal, los litigios civiles y las estrategias de intimidación legal. Abarca todas las fases del proceso legal, incluida la amenaza inicial de acción legal, que tiene el potencial de sofocar la libertad de expresión y el compromiso público.

INFORME *SLAPP, LAS SIGLAS QUE QUIEREN SILENCIAR EL PERIODISMO*

Mèdia.cat, Observatorio Crítico de los Medios, presentó en 2023 el informe *SLAPP, las siglas que quieren silenciar el periodismo,* en el que se explica en qué consiste este término, se exponen los peligros que esconde para el derecho a la información

130

y la libertad de expresión y se detallan además algunos casos concretos. Pau Esporch, que asumió el encargo de elaborarlo, responde a nuestras preguntas:

Mèdia.cat te encargó la realización del informe sobre las SLAPP que se presentó en 2023. ¿En qué consistió?

El informe lo planteamos sobre todo porque vemos que del concepto «SLAPP» se está hablando en el ámbito de la Unión Europea y, en cambio, tenemos la sensación de que aquí –en Cataluña y en el Estado español– no se conoce el término ni tampoco se hace difusión entre los periodistas sobre que, en principio, son los principales objetivos de estos litigios. Lo que decidimos es hacer un informe que fuera muy expositivo, diciendo que existen estas siglas y explicando su significado.

Desde Mèdia.cat me hacen la propuesta de elaborar un informe que consista en explicar qué quiere decir, qué casos hemos tenido aquí que hemos identificado como SLAPP. Entender cuáles son los riesgos y los peligros de este uso abusivo por parte de los tribunales y saber también qué es lo que buscan las empresas, las grandes corporaciones o incluso las personas a título individual, para entender mejor como periodistas qué se puede hacer y cuándo estamos ante una SLAPP. Situar el término.

¿Cuáles han sido las conclusiones?

A finales de febrero de 2024 la Eurocámara ratificó la Ley de las SLAPP; a partir de ese momento debía hacerse la transposición a la legislación española. Aquí es cuando se abre la parte más interesante, que es ver como periodistas cómo nos podemos sentir más protegidos ante procesos judiciales que busquen intentar silenciar temas, que persigan a los periodistas o que hagan que estos se sientan amenazados y, por lo tanto, dejen de informar.

¿Es la Ley europea sobre las SLAPP un instrumento útil o suficiente?, ¿o tiene déficits?

La sensación que tengo, y después de hablar de esto con varias personas, es que el planteamiento que hace Europa es suficientemente bueno. El problema es cómo esto se aplicará aquí. Europa da unas bases y principios que entienden y definen bastante bien las SLAPP. La clave es ver cómo se aplicará en cada país.

El Estado español tiene un plazo para la transposición, que es el proceso para aplicar lo que dice Europa, y es aquí donde tengo más dudas sobre lo que hará el Estado en relación con esta Directiva europea.

¿Crees que los periodistas son ahora más conscientes de esta cuestión?

Hay mucho trabajo que hacer, pero quiero ser optimista y me gusta pensar que de algo ha servido. Hay un ejemplo muy reciente que refleja este cambio: el diario *Ara* hizo un pódcast en el cual expuso el caso de un periodista que ha sufrido un proceso judicial muy largo por un tema que publicó y por el que la persona que salía en el reportaje lo demandó. Acabaron ganándolo el diario y el periodista. Se ha tirado para atrás esta demanda, que ha sido muy larga y que lo explica bastante bien todo. En este pódcast exponían todo el asunto y lo titulaban *SLAPP, las demandas al periodismo;* por lo tanto, que un medio de referencia en Cataluña esté utilizando este término para explicar una situación clara de una SLAPP es un paso adelante que quizá hace un año no se habría dado o al cual quizá no se habría definido así; se habría explicado igual, pero no se habría enmarcado como una SLAPP.

¿Son la libertad de expresión y la de información de la ciudadanía las grandes víctimas?

La clave de las SLAPP no es tanto el proceso judicial en sí, que se actúe contra un medio o contra un periodista por la información que han publicado, sino la repercusión que tiene esto. Si tú, como periodista que no está implicado en el asunto, ves cómo un compañero tuyo o un medio, que podría ser el tuyo, tienen un proceso judicial cuando han tratado el asunto de una determinada empresa, quizá ya no querrás informar de ella. La lógica diría que en un país que funcionara a la perfección habría movimientos a la inversa, que cuando vieras que una empresa o una persona están poniendo una demanda a un periodista o a un medio es porque tienen algo que esconder. Desgraciadamente, la precariedad del periodismo hace que muchas veces se quiera evitar ese tipo de conflictos, lo que puede llevar a un proceso de autocensura.

Si todo funcionara a la perfección, lo que tendría que pasar cuando una empresa ha puesto una demanda a un medio es intentar buscar qué es lo que tiene que ocultar e investigar sobre sus negocios, sobre el caso en cuestión. Pero no, es lo contrario, preferimos decir «vaya, ya se la harán», que no hacer una investigación propia, que es lo que correspondería.

¿Qué se debería hacer para luchar contra las SLAPP?

Lo más interesante es ver como profesión qué se hace colectivamente. Se tiene que entender que al final, si todo el mundo lo que busca es hacer periodismo desde los medios, una demanda no es un problema individual o del medio que la haya recibido, sino colectivo, de toda la profesión. La respuesta debe estar bien articulada, muy pensada y también mejor protocolizada ante casos de este tipo. Es cuestión de entenderlo más como un fenómeno colectivo y no uno individual como hasta ahora.

Eso es difícil, estamos ante una profesión muy atomizada...

Lo decimos en el informe: a veces parece que da miedo o vergüenza decir que te han puesto una demanda. A menudo cuesta saber quién está sufriendo procesos de este tipo; al final se conocen porque afortunadamente se han resuelto favorablemente para el periodista o el medio. Y esto también es un error, porque si el trabajo que tú has hecho es correcto, lo puedes defender. Al contrario, se debería intentar buscar apoyos[8].

---

[8] [https://www.media.cat/2023/03/02/slapps-les-sigles-que-volen-fer-callar/].

SIN EMBARGO, NO TODO ESTÁ DICHO

Esta Directiva anti-SLAPP del Parlamento Europeo, ahora conocida como Ley Daphne, llega tras largos años de esfuerzos, debates y luchas para superar en su desarrollo los temores de formas que pudieran perjudicar a la defensa judicial de los damnificados por este tipo de demandas.

En los últimos tramos del debate ha sido fundamental la actuación de la presidencia española del Consejo de la Unión Europea, que primó llevar a buen puerto la Directiva. Al respecto, la ministra española Pilar Llop señaló que esta «es nuestra principal prioridad en el ámbito de la justicia civil y esperamos avanzar rápidamente y concluir las negociaciones durante nuestra presidencia». De hecho, actuó con gran eficacia en los trílogos celebrados en Estrasburgo, Francia, junto a los representantes de los otros dos estamentos: el Parlamento Europeo y la Comisión Europea.

Llop señaló en ese momento que era responsabilidad de todos ellos asegurar que los periodistas, las organizaciones de medios de comunicación, los defensores de los derechos humanos, los activistas, los investigadores y los artistas «estén equipados con las herramientas legales que necesitan para llevar a cabo su importante trabajo sin temor ni impedimento, al mismo tiempo que debemos encontrar el equilibrio adecuado para garantizar no sólo la libertad de expresión, sino también el derecho de acceso a la justicia».

Como corresponde y como ya hemos explicado en páginas anteriores, la Directiva anti-SLAPP ha entrado en vigor a los 20 días de su publicación en el Diario Oficial de la UE, pero los Estados miembros disponen de dos años para incorporar las normas dictadas a sus sistemas nacionales de justicia. Las directivas forman parte de la legislación secundaria de la UE y, por lo tanto, son aprobadas por las instituciones de la UE de conformidad con los tratados preexistentes. Sólo cuando los Estados miembros las transponen a sus sistemas es cuando adquieren el rango de ley en cada uno de ellos.

El artículo 288 del Tratado de Funcionamiento de la Unión Europea establece que esta Directiva es vinculante en cuanto al resultado que debe alcanzarse, y deja al mismo tiempo a la discreción de las autoridades nacionales la elección de la forma y los métodos para conseguirlo[9].

Esto es lo que marca la normativa europea; sin embargo, debemos tener en cuenta que el recorrido de algunas normas europeas para alcanzar su transposición, por lo menos en España, ha tenido que superar obstáculos locales que dilataron su implantación.

El político maltés David Casa, que ha sido el primer eurodiputado en impulsar a principios de 2018 la Ley Daphne, ha señalado tras su aprobación final[10]:

> Al principio, nuestro principal obstáculo era encontrar una base jurídica que facultara a la UE para legislar. Gracias al trabajo de la vicepresidenta Věra Jourová, ese obstáculo se superó. Pero es cierto que la UE sólo podía llegar hasta cierto punto, y la Directiva se ocupa principalmente de los casos que tienen un elemento transfronterizo.
>
> Por eso, junto con la Directiva, la Comisión publicó también una Recomendación que deja claro que las disposiciones de la Directiva deben aplicarse también a los casos puramente nacionales. Debemos trabajar duro para garantizar que esto ocurra en toda la UE y especialmente en Malta.
>
> Que la Ley Daphne sea ahora una realidad es un logro sustancial. Pero ahora debemos asegurarnos de que sea digna del nombre que se le ha dado, también garantizando una transposición que atienda todos los casos de las SLAPP, incluso los que son totalmente nacionales.

No sólo este eurodiputado, como ya vimos estas inquietudes son compartidas por la CASE o la FEP, que ponen el foco sobre el proceso de transposición de la Ley Daphne a las legislaciones

⁹ [https://eur-lex.europa.eu/ES/legal-content/summary/european-union-directives.html].

¹⁰ [https://www.eppgroup.eu/es/lo-que-hacemos/with-eu-countries/malta/aprobada-la-ley-daphne].

nacionales, que es donde seguramente se cebarán los *lobbies* internacionales y locales para tratar de sortearla y continuar impunemente con sus ataques a las libertades de expresión e información.

Sin duda, se ha ganado una gran batalla por nuestros derechos, pero la guerra continúa y puede ser larga, ya que los enemigos de la libertad de información son poderosos.

ÍNDICE

ISBN: 978-84-460-5527-3

160 páginas

La irrupción de la ultraderecha en el panorama político occidental tiene un poco desconcertado al conjunto de la ciudadanía democrática. No se trata del fascismo ni del nacionalsocialismo de toda la vida, ni siquiera del franquismo. Su discurso es anti-Estado y defiende la privatización de todas las empresas públicas que garantizan de manera equitativa la seguridad del conjunto de la ciudadanía.

Esta «nueva» ultraderecha se encuentra, pues, en el cruce de un capitalismo rabioso y una deshumanización de las relaciones sociales que permitiría la expansión sin cortapisas de sus teorías.

El resultado es un ejercicio oficial de crueldad de cara a una sociedad que está aceptando la injusticia como condición ciudadana. Sólo si se conocen sus verdaderas intenciones, se le podrá hacer frente adecuadamente.

FONSI LOAIZA

OLIGARCAS
Los dueños de España

A FONDO

akal

2.ª EDICIÓN

ISBN: 978-84-460-5616-4

216 páginas

La empresa Ferrovial anunció a principios de 2023 que cambiaba su sede fiscal a Países Bajos para no pagar impuestos en España. Su máximo mandatario es Rafael del Pino y Calvo-Sotelo, sobrino del expresidente Leopoldo Calvo-Sotelo. Del Pino atesora la tercera mayor fortuna de España con 9.570 millones de euros y ha recibido todo tipo de ayudas estatales. Así funcionan los oligarcas españoles y sus «paguitas».

En España, de las cacerías con Franco en la dictadura se ha pasado al palco del Bernabéu de Florentino Pérez, con la misma estructura económica caciquil para los negocios. El reparto del «botín» para estos oligarcas va de las sagas de banqueros, pasando por las familias franquistas de los Abelló, los March o los Daurella, y la aristocracia y la realeza de la Casa de Alba y los Borbones, los empresarios Juan Roig, de Mercadona, y Amancio Ortega, de Inditex.

STEFANIA MAURIZI

EL PODER SECRETO

POR QUÉ QUIEREN DESTRUIR A JULIAN ASSANGE Y WIKILEAKS

A FONDO

PRÓLOGO DE
KEN LOACH

akal

ISBN: 978-84-460-5502-0
408 páginas

En 2008, la periodista Stefania Maurizi comenzó a investigar a una organización aún no muy conocida llamada WikiLeaks. Desde entonces, y en estrecho contacto con Assange, no ha dejado de trabajar para poner al descubierto a ese poder que, oculto tras gruesas capas de secretismo, persigue sin piedad a quienes se empeñan en contar la verdad de las cosas.